L'ADOLESCENCE

Quatrième édition
12e mille

Que sais-je ?

À lire également en
Que sais-je ?

COLLECTION FONDÉE PAR PAUL ANGOULVENT

Olivier Houdé, *La Psychologie de l'enfant*, n° 369.
Jean-Pierre Boutinet, *Psychologie de la vie adulte*, n° 2966.
Fanny Dargent, Vincent Estellon (dir.), *Les 100 mots de l'adolescent*, n° 4084.

ISBN 978-2-7154-0820-3
ISSN 0768-0066

Dépôt légal – 1re édition : 2005
4e édition : 2021, septembre

170 *bis*, boulevard du Montparnasse, 75014 Paris

Introduction

Qu'entend-on par « adolescence » ? Sa définition, par le dictionnaire, comme une période de transition entre l'enfance et l'âge adulte, débutant à la puberté et se terminant vers 18 ou 20 ans, semble simple. Le terme recouvre cependant une situation complexe, dont rend compte le champ sémantique qui y est associé : puberté, adolescence, jeunesse mettent en jeu des données d'ordre physiologique, psychologique, culturel et social, qui interagissent diversement en fonction des époques et des sociétés. Certaines données récentes issues des neurosciences, en appui sur la neuro-imagerie, mettent en évidence une réorganisation cérébrale majeure durant l'adolescence qui se poursuit jusqu'à 23-25 ans, justifiant la notion de postadolescence[1].

On ne peut comprendre ce qui se joue à l'adolescence sans l'éclairage de la psychanalyse. Celle-ci, à la fin du XIXe siècle, a opéré une révolution dans le regard porté sur l'enfant et l'adolescent, en dévoilant l'existence de la sexualité infantile et du complexe d'Œdipe. Cette conception du fonctionnement psychique de l'enfant, qui donne à l'intrication de l'amour et de la rivalité pour les figures parentales une place prévalente, était présente dans *Œdipe roi* de Sophocle : Jocaste elle-même y affirme à Œdipe : « La menace de l'inceste ne

1. J. Dayan, B. Guillery-Girard, « Conduites adolescentes et développement cérébral : psychanalyse et neurosciences », *Adolescence*, n° 77, 2011/3, p. 479-515.

doit pas t'effrayer : plus d'un mortel a partagé en songe le lit de sa mère[1]. » Diderot, à son tour, la formule explicitement : « Si le petit sauvage était abandonné à lui-même [...], il tordrait le col à son père et coucherait avec sa mère[2]. » Mais les intuitions novatrices des créateurs, même si elles touchent le public par la proximité qu'elles offrent avec l'inconscient, ont dû attendre les révélations freudiennes pour connaître une diffusion large – voire, à l'heure actuelle, une véritable banalisation par la voie de la vulgarisation.

La sexualité physiologique, et la psychosexualité mise ainsi en évidence par la psychanalyse, sont les pivots de ce qui constitue une période de transformations déterminantes pour l'individu dans ses rapports à lui-même et aux autres. La puberté modifie profondément le corps et le statut du sujet ; l'accès à la sexualité génitale qu'elle implique doit être psychiquement élaboré par l'individu qui en vit les conséquences narcissiques et relationnelles. L'adolescence met donc en jeu un processus engageant cette élaboration, qui porte sur l'intégration de l'identité sexuelle, le réaménagement des relations infantiles et l'amorce d'un travail de séparation, et aboutit à une réorganisation des instances psychiques. Dans cette perspective, c'est la rupture de ce processus qui engage l'adolescent dans des impasses susceptibles de déboucher sur des issues pathologiques.

Le changement est au cœur du processus d'adolescence, il engage l'individu, son entourage et la société : il demande donc à être psychiquement élaboré par le sujet mais aussi par la famille, et aménagé

1. Sophocle (env. 425 av. J.-C.), *Œdipe roi*, in *Théâtre complet*, Paris, Garnier Frères, 1964, p. 129.
2. D. Diderot (1769-1773), *Le Neveu de Rameau*, Paris, Gallimard, « Folio », 1972, p. 117.

par l'organisation sociale, faute de quoi il peut être à l'origine de troubles d'ordres divers.

Sur ce point, les apports de l'anthropologie et de l'histoire, s'ils nous montrent la relativité du statut d'adolescent et la diversité des aménagements sociaux qui l'encadrent, révèlent aussi l'existence d'une constante : toute société doit, d'une manière ou d'une autre, prendre en compte l'accès des jeunes sujets à la sexualité et anticiper la place qu'ils vont prendre au sein du monde adulte. Les sociétés traditionnelles, qui codifient et organisent ce passage, contribuent à soutenir le travail psychique de l'adolescent face à l'élaboration des conflits qu'il implique : il s'agit en effet de se préparer à prendre la place de l'adulte, et cela ne peut se faire sans angoisses de part et d'autre. L'effacement des rites d'initiation, dans les sociétés modernes, laisse au jeune sujet toute la charge des angoisses qui tiennent à la nature sexuelle et agressive des fantasmes inconscients pubertaires. Car, dans ces fantasmes, selon la formule de Winnicott, il y a la mort de quelqu'un. Et, face aux difficultés que cela peut entraîner chez leur enfant, les parents d'aujourd'hui ne peuvent pas grand-chose, « sinon survivre, intacts, sans changer d'avis et sans renoncer à aucun principe important[1] ». Or, les données socio-économiques actuelles affaiblissent la position qu'occupent les parents aux yeux de leurs enfants.

D'une part, le chômage prolongé des parents sape leur autorité et les fait apparaître vulnérables, d'autre part, les difficultés d'insertion professionnelle des jeunes constituent un facteur de rancune à l'égard de la génération précédente, considérée par la moitié

1. D. W. Winnicott (1968), « L'immaturité de l'adolescent », *Conversations ordinaires*, Paris, Gallimard, 1988.

d'entre eux comme responsable de la crise. À partir des résultats d'une enquête menée fin 2013 auprès de 210 000 participants âgés de 18 à 34 ans, les sociologues C. Van de Velde et C. Peugny qui ont conçu le questionnaire soulignent, chez les 18-25 ans, l'ambivalence de leurs positions : se considérant comme une « génération perdue », « sacrifiée », ils révèlent tout à la fois leur attachement à la famille, sur laquelle ils s'appuient dans une solidarité renforcée, et le sentiment que leurs aînés ne leur laissent pas de place dans la société et font peser sur eux les conséquences de l'évolution socio-économique des trente dernières années[1].

La société entretient avec les adolescents des relations qui évoluent et se différencient. Si, dans certains contextes, la place qui leur est attribuée est apparemment si restreinte que, pour certains historiens ou anthropologues, le phénomène même d'adolescence peut être considéré comme inexistant, l'étude de l'adolescence dans ses rapports avec la société actuelle montre la place importante qu'elle y occupe et le poids des facteurs socio-économiques sur son évolution. On admet aujourd'hui l'existence d'un groupe social reconnu comme distinct, ayant une spécificité du point de vue de l'âge, de la place sociale, des comportements, des goûts, du mode de fonctionnement psychique, et même des troubles psychopathologiques. Mais la situation des adolescents n'a jamais été aussi paradoxale.

1. P. Krémer, « Frustrée, la jeunesse française rêve d'en découdre », *Le Monde*, 25 février 2014.
Enquête « Génération quoi ? », menée par C. Van de Velde et C. Peugny, réalisée par France Télévision, Yami 2 productions et Upian, 2013.

CHAPITRE PREMIER

Adolescence et société

On a peu parlé de l'adolescence durant des siècles, on en parle tout au contraire beaucoup aujourd'hui. Peut-on en déduire pour autant qu'il s'agit non d'une réalité mais d'un concept ignoré des sociétés primitives et même des sociétés occidentales jusqu'à une époque récente ? Un ouvrage fort bien documenté s'intitule de manière provocatrice *L'adolescence n'existe pas*[1], afin de remettre en question la conception actuelle, jugée trop convenue. Il s'appuie sur les travaux d'anthropologues et d'historiens pour montrer que la notion d'adolescence telle qu'on la connaît aujourd'hui est une création sociale née au XIXe siècle, en lien avec l'évolution des rapports démographiques entre les générations.

Depuis la fin du XIXe siècle, en effet, l'adolescence est placée par les adultes sous le signe de l'inquiétude, de l'agitation, puis de la violence. Stanley Hall publie aux États-Unis, en 1904, le premier livre de psychologie de l'adolescent, qui constitue une somme importante. Sa conception du développement reste cependant marquée par les idées du XIXe siècle et s'inspire de la théorie de l'évolution. Il donne une grande place au biologique, tout en reprenant le concept romantique d'une adolescence tumultueuse, en proie au stress et au conflit, où dominent enthousiasme, fougue, mais aussi instabilité :

1. P. Huerre, M. Pagan-Reymond, J.-M. Reymond, *L'adolescence n'existe pas*, Paris, Odile Jacob, 2002.

à ce titre, elle répète selon Stanley Hall la période de tumulte qui, dans l'histoire de l'humanité, aurait précédé l'apparition de la civilisation. Ce point de vue marquera longtemps la psychologie américaine. Il est cependant mis en doute par les tenants de l'anthropologie culturelle qui mettent en évidence, par l'étude d'autres sociétés, la relativité de cette description et le rôle fondamental joué par la culture.

I. – Perspective anthropologique

L'anthropologie culturelle se base sur des enquêtes de terrain menées dans des sociétés dont l'organisation sociale et la culture diffèrent, afin de discerner, par exemple, la part des constructions de l'esprit par rapport à la réalité des faits biologiques : c'est ainsi que Margaret Mead étudie l'éducation dans les îles Samoa, puis en Nouvelle-Guinée, sociétés alors protégées des influences occidentales. L'étude du déroulement de l'adolescence des jeunes filles dans les îles Samoa se présente dès l'introduction comme une utilisation de la méthode anthropologique pour mettre en question les théories psychologiques récentes qui, face aux manifestations de malaise présentées par les adolescents américains au début du xxe siècle, proposent de les expliquer par les caractéristiques inéluctables de l'âge[1]. Mead y conteste le point de vue de Hall présentant l'adolescence comme « l'époque de la vie où fleurit l'idéalisme, où prend corps la révolte contre toute autorité, où heurts et conflits sont inévitables[2] », en dégageant le rôle central des facteurs sociaux sur ce qui

1. M. Mead, « Adolescence à Samoa » (1928), in *Mœurs et sexualité en Océanie*, Paris, Plon, 1963, p. 293-493.
2. *Ibid.*, p. 298.

se joue à cette période. Dans cet ouvrage, elle décrit, chez les Samoans, une société dans laquelle l'adolescence « n'est pas nécessairement une période tendue et tourmentée », et où la puberté physiologique n'est pas inéluctablement génératrice de conflits. Soucieuse de proposer une réflexion éclairant les méthodes éducatives américaines, elle compare les deux civilisations, et explique les conflits et le malaise présentés par les adolescents américains après 1918 par une évolution sociale qui les plonge, à divers niveaux, dans la contradiction : « La tension, les contraintes, sont dans notre civilisation même ; elles ne sont pas la conséquence des transformations physiques que subissent les enfants » (p. 456). Les choix qui s'imposent à la jeunesse américaine, et qui placent cette génération dans une position de rupture par rapport à la génération précédente, les contradictions portées par une société qui ne s'accorde plus, comme dans les sociétés primitives, sur un unique modèle de vie, les pressions économiques et sociales et la rigidité de la morale sexuelle, expliquent à ses yeux les difficultés psychiques des adolescents américains au début du XXe siècle.

Ces travaux, auxquels s'ajoutent des apports divers et parfois contradictoires de Malinowski, Roheim, Bateson, Maurice Godelier plus récemment, ont effectivement mis en évidence le rôle que joue la société dans la manière dont les adolescents abordent cette période, dans la durée variable qu'on accorde à celle-ci, et montré la diversité des moyens avec lesquels les sociétés marquent cette transition essentielle entre deux périodes de la vie : l'une asexuée, selon la société traditionnelle, et l'autre marquée par l'accès au monde sexuel. La durée de la phase de transition – l'adolescence – varie selon les cultures, et « répond à une période de subordination prolongée créée pour favoriser les exigences de la classe d'âge dominante, les adultes[1] », à l'image de ce que l'on observe dans de nombreuses sociétés animales. Dans la plupart d'entre elles, en effet, il faut trouver des aménagements pour gérer les jeunes du groupe à partir du moment crucial de la puberté : l'accès de ces derniers aux capacités de reproduction entraîne des réponses variables allant de l'intégration, avec maintien d'une dépendance hiérarchique, à l'exclusion des jeunes.

Un tel constat n'est pas en contradiction avec l'idée proposée par la psychanalyse, selon laquelle l'adolescence constitue une étape importante de réactivation des conflits, qui engage chez le jeune sujet la nécessité d'une élaboration psychique. Mais les sociétés traditionnelles ont, dans la majorité des cas, mis en place des rites pour marquer symboliquement le passage de l'enfance à l'âge adulte : ces rites d'initiation introduisent les adolescents à la société des adultes, sur un mode contrôlé par ces derniers. Ils encadrent le phénomène d'adolescence, en particulier dans les aspects liés au sexuel et à la perte. Ce faisant, ils soutiennent le travail psychique individuel en servant de cadre d'expression socialisée aux conflits inhérents à cette période de transition entre le monde de l'enfance et le monde adulte. Ils offrent, par le jeu de la symbolisation, des aménagements psychiques à l'angoisse de castration qu'entraîne l'accès à la maturité sexuée, et à la problématique de séparation. L'absence – rare – de ces rites est dans certains cas palliée par l'organisation sociale des groupes d'adolescents, qui souligne également le statut particulier accordé à cette classe d'âge, du fait de

1. P. Huerre, M. Pagan-Reymond, J.-M. Reymond, *L'adolescence n'existe pas*, *op. cit.*

sa spécificité explicitement ou implicitement reconnue par les sociétés.

Les apports de l'anthropologie comme, nous allons le voir, ceux de l'histoire permettent donc de montrer que l'organisation de la société, la manière dont elle offre une mise en scène agie, rituelle et conventionnelle aux problématiques de l'adolescence, en limitent la portée potentiellement désorganisante, et les conséquences individuelles et sociales. Dans les sociétés industrialisées, certaines expériences telles que le certificat d'études, les rites religieux, le service militaire ont pu un temps prendre valeur de rituel initiatique du fait de leur portée symbolique. Leur caractère individuel et leur hétérogénéité ne permettent pas, toutefois, l'inscription dans un symbolisme porté par le corps social, ce qui donne à la famille et à son réseau d'interactions avec l'adolescent une importance accrue. La disparition des rites a comme conséquence une défaillance des processus de figuration : elle peut être considérée comme un facteur de déstabilisation des adolescents, livrés à eux-mêmes pour faire face aux conflits, et utilisant leurs propres rites initiatiques tels que tags, errance ou recours aux drogues. La maladie mentale elle-même peut avoir pour certains adolescents valeur de rituel[1].

II. – L'adolescent dans l'histoire

1. **Une place fluctuante.** – L'historien Philippe Ariès, dans *L'Enfant et la vie familiale sous l'Ancien Régime*, soutient l'idée qu'on n'accordait pas, à cette époque, à l'enfant et à l'adolescent la place qu'ils prendront ensuite dans la famille comme dans la société.

1. F. Richard, « Crise d'adolescence et nouveau malaise dans la civilisation », *Cahiers de psychologie clinique*, n° 6, 1996, p. 205-221.

Selon lui, la différenciation entre seconde enfance et adolescence s'est opérée tardivement, avec la mise en relation de l'âge et du niveau scolaire : jusqu'aux XVIIe et XVIIIe siècles, par exemple, on peut trouver dans les mêmes classes des enfants de 10 ans, des adolescents et même de jeunes hommes de 25 ans.

Ses travaux peuvent donner à penser que le phénomène d'adolescence, dans ses acceptions psychique et sociale, est passé inaperçu durant des siècles, le concept d'adolescence étant en Occident d'apparition récente : sur le plan linguistique même, l'usage des termes depuis l'Antiquité le montrerait (Huerre *et alii*, 2002). Chez les Latins, le substantif *adulescens* (adolescent) ne concerne que les garçons situés dans une tranche d'âge de 17 à 30 ans. Le terme « adolescence », quant à lui, peu utilisé dans l'usage courant jusqu'au XVIIe siècle, désigne longtemps une période qui s'étend jusqu'à 30 et même 35 ans, et coexiste dans l'usage avec « enfance ».

Cette fluctuation des termes et même cette variation dans l'extension de la phase d'adolescence, variation liée à des facteurs socio-économiques qui permettent ou freinent l'âge d'entrée dans le mariage et la vie adulte, n'excluent pas l'existence, dans chaque société, de modalités d'encadrement socialisées du passage de l'enfance à l'âge adulte : en Grèce, l'enfant mâle est éduqué jusqu'à 18 ans, âge auquel il atteint la majorité, marquée par des rites de passage où il doit pleinement assumer sa virilité ; pour la fille, ce sont les rituels de mariage qui servent de pendant aux rites éphébiques. On retrouve une disposition semblable à Rome avec, pour le garçon, le passage, à 17 ans, du statut d'enfant au statut d'adolescent, qui dure jusqu'à 30 ans. Dans ces sociétés, le temps intermédiaire entre l'enfance où l'on s'instruit et l'état d'adulte où l'on participe à la vie publique ou sociale est donc plus ou moins réduit, grâce à cette organisation sociale.

Toutefois, les études de plusieurs historiens, centrées sur la jeunesse, montrent que, malgré ces données, le fonctionnement spécifique des adolescents n'en demeure pas moins une constante, perçue par la société[1]. Sur le plan de l'individu, l'étude d'autobiographies des XIIe et XIIIe siècles fait apparaître l'adolescence comme un moment de crise et de ruptures, en particulier dans les rapports à la famille. Les romans courtois présentent, avec Perceval, Tristan, Aucassin, des personnages d'adolescents bien spécifiés, caractérisés par la solitude, la perte du père et le poids fantasmatique de la mère, et le vocabulaire qui les concerne, pour divers qu'il soit, est très précis.

L'étude de l'adolescence comme phénomène collectif apporte des informations complémentaires : au XVIe siècle, par exemple, les activités des groupes de jeunes, en ville et à la campagne, offrent de nombreuses fonctions de la socialisation qui seront attribuées plus tard à la phase d'adolescence.

La mise en évidence par les anthropologues et historiens du fait que la jeunesse est une construction sociale et culturelle apporte donc non pas le constat de son inexistence mais l'idée que chaque société, à chaque époque, cherche à imposer à sa manière un ordre et un sens à ce qui paraît transitoire, voire désordonné et chaotique. Les sociétés ont manifesté au fil du temps, à l'égard de l'adolescence, une attention mêlant attentes et soupçons, idéalisation et projection négative. Elles ont, de ce fait, composé avec elle diversement : le statut de l'adolescence ne connaît donc pas une évolution

1. G. von Levi, J.-C. Schmitt, *Histoire des jeunes en Occident. De l'Antiquité à l'époque moderne*, Paris, Seuil, 1994, 2 vol.

linéaire mais des états variables. C'est assez tardivement que l'adolescence a fait l'objet d'un intérêt manifeste et que l'on trouve, dans divers écrits, la description de certaines de ses caractéristiques.

2. **Nouveau regard sur l'adolescence : les notions de crise et de danger.** – Les caractéristiques psychologiques de l'adolescence et leur lien avec la puberté ne sont reconnues et décrites dans la littérature qu'à la fin du XVIIIe siècle, par Buffon (*De l'homme*) et surtout par Rousseau qui, dans *Émile ou De l'éducation*, présente l'adolescence comme une « orageuse révolution [qui] s'annonce par le murmure des passions naissantes ». Il instaure à son propos l'idée qu'elle est un temps de crise qui, « bien qu'assez court, a de longues influences ». Cet âge critique demande au pédagogue d'y consacrer attention et temps : « Cet âge ne dure jamais assez pour l'usage que l'on en doit faire [...] : voilà pourquoi j'insiste sur l'art de le prolonger[1]. »

Pour l'historienne Michelle Perrot, cette notion de moment critique est reprise au cours du XIXe siècle – au moment où le concept d'adolescent prend son acception actuelle – dans le sens d'une période dangereuse pour l'individu et pour la société. La peur que suscitent les adolescents chez les adultes tient au fait que la jeunesse de cette époque se mobilise, se politise, devient une menace pour le pouvoir politique.

Au cours du XIXe siècle se déploie en littérature un personnage d'adolescent romantique, dont René, personnage de Chateaubriand, apparu en 1802 dans *Le Génie du christianisme*, est – contre le projet de son auteur – la première incarnation : son mal (vague des

1. J.-J. Rousseau, *Émile ou De l'éducation* (1762), Paris, Garnier Frères, 1964, p. 274.

passions sans objet, désir sans illusions, désenchantement) devient le « mal du siècle ». Son succès est en lien avec l'attitude méfiante, voire répressive des adultes envers cette classe d'âge enfin nettement différenciée, avec ses désillusions politiques et son sentiment d'inutilité sociale. Ce prototype littéraire atteste la prise en compte dans la société des particularités d'un groupe d'âge, et contribue sans doute à asseoir la reconnaissance de ce groupe, en valorisant son mode de fonctionnement et ses caractéristiques communes.

3. **Les mesures sociales.** – L'instauration de l'enseignement obligatoire pour tous et l'allongement du temps de scolarisation à la fin du XIXe siècle participent de la prise en compte par la société des caractéristiques de ce groupe d'âge. La création des lycées contribue à instituer l'adolescence comme un véritable âge intermédiaire, défini par des tâches spécifiques : en particulier la formation, en tant que lycéen ou apprenti, aux responsabilités à venir.

La reconnaissance sociale de l'adolescence comme classe d'âge se traduit aussi par la mise en place d'une série de lois et dispositions concernant les adolescents délinquants et criminels : la loi du 28 avril 1832 prend en compte l'âge pour l'application de la peine.

L'évolution liée à l'industrialisation, qui conduit à l'exploitation des jeunes ouvriers, aboutit par ses excès à des mesures légales visant à réglementer le travail des mineurs : l'âge minimal d'accès au travail passe de 8 ans avec la loi de 1841 à 12 ans en 1851 et 14 ans en 1936.

4. **Psychologie et psychanalyse : les premiers travaux scientifiques.** – Avec la psychologie et la psychanalyse au XXe siècle vient à naître une position scientifique qui fait de l'enfant, jusqu'à l'adolescence,

un objet d'étude. Stanley Hall publie en 1904 son ouvrage intitulé *Adolescence*. Alfred Binet, Henri Wallon, Jean Piaget étudient l'évolution psychique de l'enfant et de l'adolescent sous des angles différents. Les apports de la psychologie contribueront à l'organisation de la pédagogie. Au cours de la première moitié du XXe siècle, les études se centrent sur les étapes du développement humain, et abordent l'évolution de la pensée et celle de la socialisation. Avec Freud, en 1905, la psychanalyse aborde l'adolescence sous l'angle de la puberté, dans les *Trois Essais sur la théorie sexuelle*. C'est avec E. Jones, S. Bernfeld et A. Aichhorn que, dans les années 1920, l'adolescence devient peu à peu un objet d'études en tant que tel pour la psychanalyse. Après la Seconde Guerre mondiale, la délinquance juvénile occupe le premier plan des préoccupations et fait l'objet de recherches scientifiques qui poursuivent les travaux de A. Aichhorn. Les études sociologiques concernant l'adolescence se sont également multipliées durant cette période.

III. – L'adolescent dans la société d'aujourd'hui : un intérêt sans précédent

L'intérêt porté à l'adolescence n'a jamais été aussi grand qu'à l'heure actuelle, et les discours sur ce sujet aussi contradictoires : enquêtes, articles, analyses sociologiques, études de marché contribuent à en donner des représentations fragmentaires, confuses, peu propices à la compréhension d'une réalité elle-même fort complexe. Le regard porté sur les adolescents aujourd'hui est marqué par le contraste et l'excès, en positif comme en négatif. Les médias relaient le regard des adultes qui sacralisent la jeunesse, porteuse de tous les fantasmes de réussite et de bonheur, objet de convoitise pour la génération de 1968 – celle des parents – qui se refuse à vieillir. Le mouvement original amorcé au milieu du XXe siècle, dans les sociétés occidentales, consiste en un renversement de perspective, qui attribue à l'adolescent une place de modèle non seulement pour les enfants mais pour les adultes, la communauté des adultes se sentant incapable de proposer elle-même des modèles tenant compte des changements incessants imposés par les avancées technologiques et les évolutions sociales et économiques. Mais les médias contribuent également à transmettre un regard négatif, dénoncé, par exemple, par les rapporteurs de la Commission « Jeunes et politiques publiques » : ces derniers soulignent les caractérisations contradictoires des jeunes « considérés tour à tour comme conservateurs (parce qu'ils ne se disent plus hostiles à la famille), insociables (du fait du développement des incivilités), enthousiastes et généreux (l'effet Coupe du monde ou le développement du bénévolat humanitaire) ou égoïstes (fascinés par les *start-up* et les *stock-options*)[1] ». Ils attirent aussi l'attention sur le glissement récent qui amène à attribuer aux « jeunes » des difficultés liées à des réalités sociales, telles que le chômage et la précarité, en les généralisant à l'ensemble de cette classe d'âge.

Dix ans plus tard, selon un sondage publié le 23 novembre 2011[2], 63 % des Français voient encore les jeunes comme « égoïstes » et 53 % comme « paresseux ».

Le rapport, publié en 2015, d'une enquête menée à l'initiative du ministre de la Jeunesse et des Sports

1. *Jeunesse, le devoir d'avenir*, Paris, La Documentation française, 2001, p. 26.
2. L. Bronner, « Le jugement sévère des Français sur la jeunesse », *Le Monde*, 23 novembre 2011. Sondage réalisé par Ipsos pour Logica/*Le Monde*.

souligne pourtant que ces représentations sont difficilement conciliables avec les nombreuses enquêtes et recherches en sciences sociales qui témoignent de l'attachement des jeunes aux valeurs démocratiques et républicaines, et qui réfutent l'image d'une jeunesse massivement désengagée de la cité, en retrait ou passive[1].

Les adolescents font aussi l'objet de l'attention des pouvoirs publics, qui ont ordonné plusieurs enquêtes et rapports sur leur santé, leur sexualité, leurs comportements et leurs préoccupations, les données concernant leur entrée dans la vie adulte. On cherche ainsi à comprendre des phénomènes qui troublent l'ordre public (violence, délinquance) ou mettent en danger cette fraction de la population (accidents, suicides, toxicomanie), et à mieux appréhender la situation sociale et économique qui la concerne[2]. En outre, depuis les années 1970 s'est développé un intérêt pour les problèmes de santé mentale qui a abouti à des enquêtes épidémiologiques : plusieurs d'entre elles, portant sur la santé ou les comportements des adolescents, ont été menées ces dernières années par des chercheurs de l'INSERM.

1. **Le contexte social**

(A) *Les évolutions sociales et leur impact.* – Les changements sociaux et économiques qu'a connus la société occidentale au cours du XXe siècle ont eu des conséquences – qui se répercutent au siècle suivant – sur

1. B. Nabli, M.-C. Naves, A. Karakachian, *Reconnaître, valoriser, encourager l'engagement des jeunes*, Paris, France Stratégie, 2015, p. 9.
2. Ces rapports sont consultables sur le site de La Documentation française ; certains sont publiés. La revue *Problèmes politiques et sociaux* publie des dossiers à thème. Nous donnons quelques références en bibliographie.

la place et le rôle des adultes, sur les relations qu'ils entretiennent avec les adolescents, et sur la place qu'occupent les adolescents eux-mêmes au sein de la famille et de la société.

La famille s'est modifiée sur plusieurs points. Si l'on compare les chiffres relevés entre 1980 et 1997 pour la France, qui se situe dans la moyenne européenne, les indices démographiques reflètent un bouleversement qui affecte tous les pays occidentaux : baisse du taux de nuptialité, du taux de fécondité, augmentation des couples non mariés, des naissances naturelles, du taux de divorces, le tout sur le fond d'un allongement spectaculaire de l'espérance de vie.

Le XXe et le XXIe siècle ont aussi vu se généraliser l'accès des femmes au travail : si l'on considère la tranche d'âge la plus active, celle de 25 à 49 ans, leur taux d'activité est passé de 40 % au début des années 1960 à 68 % en 1983 et a atteint 84 % en 2012[1]. Le taux de divorce est passé de 5 % en 1971 à 16 % en 1993, si bien qu'en 1994 un adolescent de 16-18 ans sur quatre ne vivait pas avec ses deux parents ; cette tendance ne cesse de s'accentuer depuis, comme le montrent le rapport de 2001[2] et les chiffres de l'INSEE datant de 2012[3]. La réalité quotidienne est constituée, pour beaucoup, par le partage du temps entre des familles recomposées. Enfin, depuis les années 1980, le statut des adultes a considérablement changé au sein de la famille, du fait du chômage

1. S. Lemière, « L'accès à l'emploi des femmes : une question de politiques », Rapport d'une mission sur l'emploi des femmes réalisée à la demande du ministère des Droits des femmes entre mars et octobre 2013.
2. *Jeunesse, le devoir d'avenir*, *op. cit.*, p. 28.
3. « Évolution statistique des mariages et divorces », 17 février 2012, site www.justice.gouv.fr

qui touche un grand nombre d'entre eux et sape les fondements de leur autorité : c'est ainsi que certains parents ne font pas le choix de la démission, mais « font plutôt le constat amer, douloureux, souvent générateur d'une forte souffrance, de leur perte de crédibilité à l'égard de leurs propres enfants[1] ». Comme le souligne J.-M. Petitclerc, alors chargé de mission pour la prévention de la délinquance, on touche ici à un fait de société dont l'influence sur l'éducation des enfants et des adolescents n'a guère été étudiée : vivre dans une famille où parfois aucun adulte ne travaille entraîne, pour les enfants, des défaillances dans l'intégration des contraintes externes, et des difficultés dans l'appréhension de rapports de type institutionnel. Faute de cadre permettant d'intégrer les notions de règle, de fonction, de hiérarchie, l'autorité liée à la position de celui qui l'exerce n'est pas reconnue : seule prévaut l'autorité inhérente à une dimension personnelle.

Si ces différents aspects de l'évolution sociale doivent être pris en compte pour appréhender le statut actuel de l'adolescent, l'interprétation qui en est faite mérite parfois discussion. Plusieurs sociologues contestent, par exemple, l'utilisation de notions telles que la « désinstitutionnalisation du mariage » et l'« absence du père », trop facilement utilisées pour interpréter les données de manière catastrophique. Une autre tendance est dénoncée par divers intervenants du champ social : elle consiste à rejeter sur l'état d'une structure familiale dissociée, ou sur les parents dits « démissionnaires », la responsabilité de tous les problèmes

1. J.-M. Petitclerc, in D. Salas, « La délinquance des mineurs », *Problèmes politiques et sociaux*, n° 812, Paris, La Documentation française, 1998, p. 16-18.

liés aux adolescents, et en particulier la violence et la délinquance[1].

(B) *Un groupe homogène ou contrasté ?* – Différentes données contribuent à la coexistence d'éléments très contradictoires. On observe par exemple, dans le domaine des comportements et des pratiques culturelles, un effacement des disparités entre adolescents de catégories socioculturelles différentes. La diffusion des médias et la publicité jouent dans ce sens, aidant au partage de goûts vestimentaires, désirs, loisirs, intérêts culturels – en particulier la musique –, activités sportives (roller, etc.), ce qui permet de parler de « culture adolescente ». Mais une étude attentive rend compte d'une situation bien plus complexe : selon P. Bruno, 60 % des adolescents « se distinguent par leur éloignement même des formes les plus valorisées (concert rock…) ou présentées comme les plus caractéristiques (cinéma, discothèques) de la culture adolescente ». Il retrouve dans ce groupe « les mêmes logiques que dans les enquêtes sur les pratiques culturelles des adultes, jouant en la défaveur des habitants des petites agglomérations et zones rurales (quel que soit leur milieu) et des populations ouvrières et paysannes[2] ».

De la même manière, la poursuite des études secondaires et l'accès à un niveau d'études supérieur se sont généralisés, laissant espérer une réduction des inégalités. Mais on constate malgré tout un clivage social marqué : toutes les études sur le travail des jeunes soulignent le lien existant entre niveau social

1. L. Mucchielli, « Transformation de la famille et délinquance juvénile », *Problèmes politiques et sociaux*, n° 860, Paris, La Documentation française, 2001.
2. P. Bruno, *Existe-t-il une culture adolescente ?*, Paris, In Press, 2001, p. 33.

et diplôme, entre diplôme et chômage, entre chômage et allongement du temps passé dans la famille avant d'accéder à un statut d'adulte autonome[1]. Le fossé entre les habitants de banlieues ou quartiers défavorisés et ceux des quartiers favorisés s'accentue, non seulement par le jeu des données économiques, mais par le biais de stratégies ignorées des premiers, pratiquées par les seconds : contournement des établissements scolaires mal considérés, recours croissant à l'enseignement privé, utilisation maximalisée des ressources culturelles et sociales proposées (conservatoires d'arrondissement, etc.). Ce phénomène se donne à voir dans leurs choix politiques : la sociologue A. Muxel souligne en 2012 l'existence d'un écart important entre les choix de la jeunesse scolarisée (plus à gauche) et ceux de la jeunesse non scolarisée[2].

2. **L'allongement du temps d'adolescence.** – Divers travaux rendent compte d'une évolution marquée par l'allongement du temps de l'adolescence, qui commence plus tôt et dure plus longtemps, et par la désynchronisation des étapes de l'entrée dans la vie adulte. Trois critères socialement significatifs, correspondant à des changements de statut, définissent ce passage pour les sociologues : le début de la vie professionnelle, le mariage, le départ de la famille d'origine. On peut y ajouter l'accès à la parentalité qui marque définitivement l'état d'adulte.

Sur ces points, on note depuis un siècle des changements, avec des variations en fonction du milieu social.

---

1. O. Galland, « L'entrée des jeunes dans la vie adulte », *Problèmes politiques et sociaux*, n° 747, Paris, La Documentation française, 1997.
2. Rencontre avec Anne Muxel : « Les jeunes ont un nouveau rapport au politique », propos recueillis par Catherine Halpern, *Sciences humaines*, n° 234, février 2012.

La succession de ces étapes, plus ou moins rapprochées selon les époques, constituait dans le passé une série de paliers amenant de manière linéaire l'adolescent vers l'âge adulte ; s'y ajoutait, pour les garçons, le service militaire qui marquait une rupture avec la famille et avec la période d'adolescence. Le tout s'accompagnait de manifestations ou de fêtes servant de rites de passage à l'occasion du certificat d'études, de la communion solennelle et de la conscription.

L'allongement de la scolarité obligatoire pour tous (de 13 ans à 16 ans) puis l'accès d'un nombre accru d'adolescents au baccalauréat et à des études supérieures constituent aujourd'hui un premier facteur de prolongement de l'adolescence. En outre, l'allongement de la durée moyenne des études, la difficulté à trouver un premier emploi et à le garder, le taux faible des premières rémunérations retardent le départ du domicile parental. Cet ensemble de facteurs joue un rôle dans le recul de l'âge d'installation en couple et d'accès à la parentalité, et contribue, pour les sociologues, à constituer la postadolescence, étape intermédiaire entre état adulte et état d'adolescence. D'une manière générale, la dépendance des adolescents à l'égard des parents est prolongée.

Ces facteurs liés à la crise, conjugués à la position des aînés à l'égard de l'autorité, participent à l'institution d'un rapport nouveau entre parents et enfants : les relations s'individualisent, les enjeux affectifs et la solidarité au sein de la famille se renforcent. Celle-ci est davantage perçue en fonction de ses possibilités relationnelles que de sa réalité institutionnelle, et devient essentiellement un espace de protection[1].

1. P. Krémer, « Frustrée, la jeunesse française rêve d'en découdre », *op. cit.*

Contrairement à ce qui s'est joué pour la génération précédente, les adolescents ne se voient pas imposer par leur famille des normes autoritaires ; ils partagent non seulement des références et des valeurs, mais aussi, compte tenu de l'attrait généralisé des adultes pour la culture adolescente, des goûts et des pratiques culturelles. En revanche, la famille perd de sa capacité à fournir des modèles de socialisation professionnelle : plus que par la transmission familiale, l'apprentissage des métiers passe par l'expérimentation individuelle. Ce sont bien souvent les plus jeunes qui peuvent montrer à leurs aînés comment faire face aux nouvelles logiques de communication et aux apprentissages imposés par l'évolution des techniques et de l'informatique.

3. **Adolescence et politique.** – Dans ce domaine également, le mode de fonctionnement des adolescents et postadolescents a considérablement changé en près de quarante ans – si l'on prend pour repère Mai 68, qui a marqué la génération précédente. Les mutations sociales et politiques ont influencé leur rapport aux institutions, aux idéologies et aux partis, et leur manière de se positionner face à la politique. Le regard porté sur l'adolescence au fil du temps et le discours qui l'accompagne suivent ces transformations, donnant à voir, dans les années 1960, une génération en révolte, engagée, voire « surpolitisée », puis jugée « dépolitisée » au cours de la décennie suivante. Les mouvements lycéens et étudiants de 1986 sont interprétés comme les réactions d'une génération « morale », suivies, depuis, des manifestations d'une jeunesse « réaliste » et « pragmatique », sous la menace d'être « sacrifiée »[1]. L'enquête « Génération quoi ? » déjà citée, dans laquelle les

1. A. Muxel, *Les Jeunes et la Politique*, Paris, Hachette, 1996, p. 8-9.

deux tiers des participants se disent pessimistes quant à leur avenir, traduit en 2013[1] le sentiment d'être, selon leurs mots, une jeunesse « perdue ». Et il est vrai qu'un récent avis du Conseil économique, social et environnemental (CSE) décrit une jeunesse en voie de précarisation et d'appauvrissement[2].

Sur plusieurs points, les adolescents ont connu une situation très différente de celle de leurs parents : ces derniers avaient mis en place leurs repères politiques dans un contexte de confiance et d'espérance, dont il ne reste rien. Contrairement à la génération précédente, les adolescents actuels n'ont connu ni de grandes figures historiques (résistants, héros), ni les luttes d'indépendance, ni des repères idéologiques simples dans un monde marqué par la partition entre deux grandes puissances. Dans l'ensemble, s'ils sont toujours plus à gauche que les autres classes d'âge, ils le sont moins que ne l'étaient leurs parents à leur âge.

Leur connaissance du monde politique s'est considérablement accrue du fait de la diffusion généralisée de l'information : la télévision touche 90 % des Français, chaque jour, trois heures et cinq minutes en moyenne. Les enquêtes menées auprès des jeunes générations montrent que leur regard sur les hommes politiques est tout à la fois lucide, critique, voire assez désabusé compte tenu de leur connaissance des scandales politiques et financiers. La politique, selon le mot de A. Muxel, est « démasquée » par eux : ils ont perdu confiance dans ses représentants, dénoncent les vanités des querelles politiciennes, sont écœurés

1. C. Van de Velde et C. Peugny, Enquête « Génération quoi ? », *op. cit.*
2. Avis voté lors de la séance plénière du 25 mars 2015, « Sécuriser les parcours d'insertion des jeunes » rapporté par Antoine Dulin.

par la corruption. Ce désenchantement s'accentue encore depuis 2008 selon les enquêtes du CREDOC : en 2012, seuls 15 % des 18-29 ans affirmaient avoir confiance dans l'institution gouvernementale, contre 26 % des adultes de plus de 30 ans[1].

Mais on ne peut pas dire qu'ils ne s'intéressent pas à la politique. Leur abstentionnisme croissant n'est pas, pour beaucoup, le signe de l'indifférence mais vaut pour manifestation d'une position[2]. Ils sont surtout concernés par des sujets fondamentaux – écologie, causes humanitaires –, plus proches aussi de leurs préoccupations actuelles, comme la lutte contre le racisme, la défense de la liberté d'opinion, la non-sélection à l'école et à l'Université. Leur crainte d'être embrigadés dans un système partisan les tient à distance des partis et des syndicats, où leur participation est très faible, et leurs engagements sont plutôt d'ordre associatif, faisant appel à des valeurs morales, ou à la solidarité. Ils peuvent se mobiliser vivement et massivement pour défendre l'intégration sociale des individus ou manifester – comme ce fut le cas lors des élections présidentielles de 2002 – contre le risque d'arrivée de l'extrême droite au pouvoir.

Toutefois, on note au fil du temps une évolution qui sépare les choix de la jeunesse étudiante et ceux de la jeunesse sans diplôme. Cette dernière étant plus rapidement menacée par le chômage et les difficultés d'insertion, cela la pousse à un repli plus frileux : elle a voté, au premier tour des présidentielles de 2007, à 55 % pour N. Sarkozy et à 22 % (contre 3 % chez les

1. CREDOC, Enquêtes « Conditions de vie et aspirations des Français ».
2. A. Muxel, « Abstention : défaillance citoyenne ou expression démocratique ? », *Cahiers du Conseil constitutionnel*, n° 23 (dossier : « La citoyenneté »), février 2008.

étudiants) pour J.-M. Le Pen[1]. Un sondage effectué en mai 2015 montre que le Front national se révèle aujourd'hui particulièrement attractif pour une jeunesse inquiète de son avenir : 33 % des 18-24 ans s'y disaient prêts à voter pour ce parti, contre 23 % des 50-64 ans et 13 % des plus de 65 ans.

Enfin, ce qui relève de l'engagement se trouve aujourd'hui modifié par les outils numériques qui favorisent la naissance de modalités nouvelles de participation telles que la mobilisation par les réseaux sociaux, la création de pétitions en ligne défendant certaines causes, ou encore le *crowdfunding*, ou financement participatif, qui permet d'aider financièrement (fût-ce *a minima*) des idées et projets en mal de déploiement, et que les moins de trente ans soutiennent particulièrement[2].

Toutes ces données rendent compte du fait que, pour s'insérer dans une société en crise sur tous les plans – social, économique, et politique –, les adolescents doivent surmonter des contradictions, voire des paradoxes et se trouvent souvent eux-mêmes porteurs de ces contradictions. Leur statut actuel en est marqué. On attend qu'ils soient, sur certains points, adultes plus tôt que leurs pères (ils le sont juridiquement), sans qu'ils aient les moyens d'exercer leurs responsabilités. La poursuite d'études de plus en plus longues et spécialisées, vers quoi on les incite, ne s'assortit pas pour ceux qui les suivent d'un débouché professionnel assuré. Les nombreux dispositifs qu'on leur propose pour articuler formation et emploi vont de pair avec

1. Rencontre avec Anne Muxel, « Les jeunes ont un nouveau rapport au politique », *op. cit.*
2. https://luzeoles.fr/2013/11/21/enquete-sur-les-principales-valeurs-vehiculees-par-le-crowdfunding/

la valorisation d'une politique de débrouillardise et d'autonomie destinée à éviter le chômage. Enfin, on leur reproche d'être dépolitisés, alors qu'ils ont dû se construire à partir de repères brouillés, et qu'ils ne sont que le reflet, accentué, de ce qui se joue dans toutes les classes d'âge.

S'ils font, beaucoup plus que par le passé, l'objet d'une attention en tant que classe d'âge spécifique, avec des caractéristiques définies et reconnues, ils ont perdu peu à peu les repères et les cadres offerts par les sociétés traditionnelles, ainsi que la sécurité que donnait la situation économique à la génération précédente : leurs modes d'adaptation évoluent sous cette influence.

L'adolescence n'est pas, pour autant, un phénomène purement social : comme tout ce qui concerne l'humain, elle s'ancre dans l'articulation de trois champs, le biologique, le psychique et le social. Nous allons voir comment la perspective psychanalytique permet d'éclairer ce qui se joue dans les remaniements psychiques de l'adolescence, en les liant aux phénomènes pubertaires, et en prenant en compte les données de l'évolution sociale.

CHAPITRE II

Le processus d'adolescence : perspective psychanalytique

C'est dans les années 1950 que, chez les psychanalystes, l'intérêt se centre véritablement sur l'adolescence. Aux États-Unis, P. Blos publie *Les Adolescents. Essai de psychanalyse* en 1962, premier ouvrage psychanalytique consacré aux adolescents. En France, P. Mâle fonde la psychanalyse de l'adolescent. É. Kestemberg, à sa suite, avance que, si tout se prépare dans l'enfance, tout se noue au cours de la période de latence et se joue à l'adolescence. Celle-ci constitue selon elle un « organisateur psychique » au même titre que ceux qui sont mis en évidence par Spitz chez l'enfant : cette expression souligne mieux que le terme de « crise » les possibilités évolutives que comportent cette période et ses remaniements, malgré les risques d'évolution négative que l'on y rencontre.

Ces remaniements introduisent à un mode nouveau de fonctionnement, par la reprise de conflits antérieurs qui trouvent ainsi l'occasion éventuelle d'une issue favorable. L'adolescent est confronté en effet, à partir de la flambée pulsionnelle imposée par la puberté, à la reprise du conflit œdipien, à la nécessité d'élaborer la problématique de séparation, qui remet en jeu la position dépressive, tout cela fragilisant ses assises narcissiques. C'est à ce titre que l'accent est mis souvent sur son rôle de révélateur : révélateur de la qualité du narcissisme ou de sa fragilité, des modalités de la relation d'objet, permettant l'autonomie ou, au contraire, mettant au jour la dépendance ; révélateur aussi de la qualité du travail de la latence.

I. – Introduction à l'adolescence

1. **Les acquis de la latence.** – Située entre la fin de la cinquième année et les manifestations de la puberté, cette période de mise en suspens de l'activité pulsionnelle constitue en effet un moment important de réorganisation des conflits, des processus défensifs et de la relation d'objet.

La période de latence est inaugurée par le déclin du complexe d'Œdipe. Cette expression se réfère à un ensemble de sentiments que porte l'enfant à ses parents, reconnus comme distincts l'un de l'autre et faisant l'objet de sentiments opposés : attachement tendre pour l'un et sentiments hostiles pour l'autre. Le complexe est dit positif dans son aspect hétérosexuel (attachement pour le parent de sexe opposé et hostilité pour le parent de même sexe considéré comme rival) : c'est ainsi qu'il est le plus largement connu. Il comporte aussi un aspect négatif, ou homosexuel ; les deux coexistent, l'évolution se faisant généralement vers le complexe positif. Les fantasmes incestueux et parricides qui accompagnent cette phase suscitent, du fait de l'ambivalence des sentiments de l'enfant, de vives angoisses et une forte culpabilité. La crainte d'une rétorsion engendre chez l'enfant le fantasme de castration, d'atteinte contre son intégrité narcissique. La résolution du complexe d'Œdipe, sous la pression de l'angoisse de castration qui en résulte, est l'aboutissement réussi de la latence : en découle l'organisation d'une topique constituée par le « moi », le « surmoi », le « ça » et l'« idéal du moi », selon le second modèle proposé par Freud. De la mise en place harmonieuse de ces instances dépendent l'équilibre psychique de l'enfant et l'avenir de l'adolescent. Le renforcement du moi – appuyé par le surmoi qui, par le jeu des identifications, s'intériorise alors progressivement – va de pair avec la mise en place ou l'affermissement de défenses ou de mécanismes de dégagement essentiels, tels que le refoulement secondaire, la formation réactionnelle, l'inhibition quant au but, la sublimation. Le travail du moi – médiateur entre les exigences contradictoires du monde extérieur, du surmoi et des pulsions du ça – permet le jeu entre processus primaires et secondaires et aboutit à des aménagements positifs pour le développement intellectuel et psychique. Le déploiement de la fantasmatisation, le recours à la rêverie diurne, le jeu offrent à l'enfant en latence des voies de décharge des pulsions qui compensent les interdits de satisfaction et autorisent un travail psychique sur les conflits. Ces acquis positifs, qui permettent une ouverture sur le monde des idées et sur le groupe des pairs, sont possibles si le refoulement des représentations liées à la sexualité œdipienne ainsi que l'interdit de l'inceste sont assurés ; l'environnement joue, à cet effet, un rôle non négligeable.

2. **La puberté : le corps au premier plan.** – La puberté est la dernière étape du développement sexuel et initie la période de la vie où l'on devient apte à la fécondation. Sur le plan biologique, elle dépend de l'action de l'hypothalamus et de l'hypophyse sur les gonades (les glandes sexuelles, testicules et ovaires) qui, stimulées par des sécrétions neuro-hormonales, produisent des hormones sexuelles (testostérone et estradiol) en quantité croissante. On constate au

cours de ce processus des signes physiologiques qui interviennent dès avant l'apparition des premiers caractères sexuels secondaires, avec l'augmentation des organes sexuels, et se poursuivent pendant les années pubertaires et au-delà, par une augmentation importante et rapide de la masse du corps et de la taille. Au cours de cette évolution, les transformations de la masse musculaire, du squelette et de la masse graisseuse interviennent de manière différente et différenciatrice dans les corps des garçons et des filles. Enfin, l'acquisition des caractères sexuels secondaires (pilosité, développement des organes génitaux, suivis de la mue chez les garçons) accentue la différence entre les sexes. L'apparition des règles chez les filles, survenant environ deux ans après les premiers signes pubertaires, marque le quasi-arrêt de la croissance, commencée chez elles plus rapidement que chez les garçons : elles ont acquis 95 % de leur taille à ce moment, quel que soit leur âge chronologique. La croissance des garçons, amorcée moins rapidement, dure en moyenne plus longtemps.

L'impact de ces transformations sur le psychisme est considérable et les modifications se donnent à voir en peu de temps dans tous les domaines : relations avec les parents et les amis, goûts, distractions, vêtements, intérêt pour son propre physique et préoccupations le concernant, changements d'humeur et de comportement. Le préadolescent, parfois avant les manifestations physiques apparentes de son évolution, change aux yeux de ses proches.

Comment comprendre les effets bouleversants de cet événement, faisant partie d'un processus normal, sur le corps et la psyché du sujet qui le subit ? Les transformations que la puberté induit sur les plans physique et biologique ont lieu avec une temporalité variable selon les sexes et les individus. Plus elles sont rapides et plus le jeune pubère a de mal à y faire face. Ces changements internes et externes de son corps modifient le regard qu'il porte sur lui-même et celui que les autres portent sur lui : d'enfant asexué, il devient en peu de temps objet de désir. Ses relations avec lui-même et avec les autres évoluent : sont de ce fait remis en jeu l'axe du narcissisme (l'amour de soi, l'investissement de soi) et celui des relations avec autrui.

Les données actuelles vont, en Occident, dans le sens d'une précocité croissante d'apparition de la puberté : l'âge des premières règles, qui était de 16-17 ans au milieu du XIXe siècle, de 14-15 ans vers 1920, s'est stabilisé à la fin du XXe siècle et se situe à présent entre 12,5 et 13 ans[1] : de ce fait, il y a dissociation de plus en plus nette entre l'adolescence sociale et l'adolescence biologique.

Cette dissociation se redouble d'un écart entre évolution du corps et évolution du cerveau. En effet, l'utilisation récente des appareils d'imagerie à résonance magnétique (IRM) dans des études longitudinales met en évidence le fait que le cerveau connaît d'importantes transformations au cours de l'adolescence. Si une partie est en lien avec la puberté et la libération des hormones sexuelles[2], certaines se poursuivent jusqu'à l'âge adulte. L'évolution porte à la fois sur le volume de la matière blanche et sur une connexité accrue parmi les sous-composants du cerveau au cours de l'adolescence et au-delà. La vaste réorganisation des circuits neuronaux qui a lieu au cours de cette période se joue en particulier dans les régions du cerveau impliquées dans les

1. INED, fiche pédagogique *L'Âge aux premières règles*, août 2014.
2. Voir les travaux de Jay Giedd à l'Institut national de la santé mentale, Bethesda, Maryland.

fonctions exécutives et la régulation émotionnelle[1]. Ces transformations reposent sur une plasticité du cerveau qui, selon J. Giedd, « fait de l'adolescence une période périlleuse et pleine de possibilités[2] ». Cette évolution physiologique va de pair avec l'évolution constatée sur le plan des contenus de la pensée, mais aussi de sa forme, qui s'ouvre à des capacités d'abstraction croissantes[3].

3. **Du biologique au psychique.** – Dans le texte princeps de Freud, le chapitre III des *Trois Essais sur la théorie sexuelle* publiés en 1905, l'accent est mis sur cette étape physiologique dans ce qu'elle entraîne de modifications : « L'avènement de la puberté inaugure les transformations qui doivent mener la vie sexuelle infantile à sa forme normale définitive. » La pulsion sexuelle, jusque-là auto-érotique, découvre alors l'objet sexuel. Un nouveau but sexuel est donné ; toutes les pulsions partielles y collaborent et les zones érogènes se subordonnent au primat de la zone génitale ; l'accès à une vie sexuelle normale implique que puissent s'intégrer les deux courants dirigés vers l'objet et le but sexuels : le courant tendre et le courant sensuel.

Les remaniements pubertaires donnent de l'intensité à ce qui se joue au carrefour du somatique et du psychique : la pulsion, et en particulier les pulsions sexuelles et destructrices. Raymond Cahn a évoqué

---

1. J. Dayan, B. Guillery-Girard, « Conduites adolescentes et développement cérébral : psychanalyse et neurosciences », *op. cit.*, p. 496.
2. J. Giedd, « Maturation du cerveau adolescent », Child Psychiatry Branch, National Institute of Mental Health (États-Unis), 2011. Disponible sur le site : http://www.enfant-encyclopedie.com/documents/GieddFRxp1.pdf
3. M. Emmanuelli, « Dynamique de la pensée à l'adolescence », in M. Emmanuelli, F. Nayrou (dir.), *La Pensée. Approche psychanalytique*, Paris, Puf, 2015.

à propos de l'adolescence la « folie des pulsions qui font alors irruption » (1991). Violentes, surgissant brutalement, elles prennent le jeune sujet au dépourvu, procurant un éprouvé de passivité insupportable ; elles induisent un sentiment d'inquiétante étrangeté qui peut être à l'origine d'un réaménagement créatif comme d'une catastrophe psychique.

Les transformations pubertaires rendent en outre possible la rencontre sexuelle : disparaît de ce fait la protection de l'immaturité qui rendait impossible la réalisation des fantasmes œdipiens de l'enfance et permettait au jeune enfant d'affirmer sans angoisse qu'il voulait « se marier avec Maman ». C'est pourquoi, à partir de la puberté, la proximité corporelle avec le parent de sexe opposé devient source de gêne et l'adolescent protège farouchement sa zone d'intimité.

4. **Traumatisme et après-coup.** – La puberté, dans la première conception freudienne (1895), constitue le temps de l'après-coup : une scène infantile (Freud considère alors qu'il s'agit d'une scène réelle de séduction), vécue initialement sans émoi, du fait de l'incapacité de la psyché à lui donner le sens sexuel qu'elle comporte, prend une signification traumatique lorsque la puberté permet de lui donner ce sens, au décours d'une expérience qui en réactive la trace mnésique. Par la suite, Freud cesse de donner un poids exclusif aux événements réels et met en évidence l'impact traumatique des fantasmes. La puberté constitue un temps où les fantasmes infantiles acquièrent, en après-coup, un potentiel traumatique : inceste et meurtre parental prennent un caractère de proximité qui rend leur seule évocation angoissante.

Du refoulement de ces fantasmes et de l'intégration du corps sexué par l'adolescent dépend l'issue positive ou négative de ce que l'on a appelé crise d'adolescence. M. et E. Laufer, psychanalystes anglais, ont élaboré la notion de cassure dans le développement (*breakdown*) pour décrire une rupture dans le processus menant – à partir de la puberté – à l'intégration du corps mature dans la représentation de soi. Ce rejet inconscient du corps sexué s'inscrit dans la mise en défaut du refoulement des fantasmes incestueux.

II. – Crise d'adolescence et travail psychique : un processus

1. **La notion de crise.** – Il n'y a pas d'adolescence sans crise, mais il convient d'en définir le sens, et de ne pas banaliser, sous ce terme, toutes les manifestations pathologiques.

On a pu considérer trop systématiquement qu'une crise se passe, et qu'il convient donc de ne pas intervenir. On sait que la crise d'adolescence peut s'accompagner temporairement de symptômes psychopathologiques, mais encore faut-il en évaluer le poids et la portée : il vaut mieux s'inquiéter trop que pas assez, souligne F. Ladame[1] devant les manifestations d'une violence agie, dirigée contre soi ou autrui, et les traductions d'un enlisement dans des modes d'être contraires aux exigences du développement. À cet égard, le retrait – et donc l'absence apparente de crise chez un adolescent « sans problèmes » – peut traduire la mise en place d'un processus morbide : cela ne signifie pas pour autant que toute manifestation bruyante entre dans le registre du normal.

Retenons pour l'adolescence l'idée d'un temps décisif (*krisis* : « sentence ») qui constitue une étape de

1. F. Ladame, in D. Houzel, M. Emmanuelli, F. Moggio, *Dictionnaire de psychopathologie de l'enfant et de l'adolescent*, Paris, Puf, 2000, p. 24.

modifications nécessaires : la vie sexuelle prend sa forme définitive et ouvre sur la sexualité adulte ; les relations avec les parents se modifient et un mouvement de séparation s'amorce ; le jeune sujet s'engage dans de nouveaux attachements hors du milieu familial et investit peu à peu un projet professionnel qui le mènera à l'autonomie. Les changements auxquels il doit faire face se jouent donc sur les plans biologique, psychique et social, et les sollicitations de ces différents domaines opèrent parfois de manière antagoniste. Après le temps de consolidation de la latence, il s'agit d'un temps de réorganisation radicale au terme duquel se voient modifiés la manière d'appréhender son propre corps, sa place au sein de la famille et dans le monde, et le statut jusque-là accordé aux parents et aux tiers. Une mobilisation psychique intense est nécessaire pour affronter ces changements qui passent par une modification de l'organisation économique, topique et dynamique de la psyché. Celle-ci s'accompagne d'un recours accru aux mécanismes de défense existants et de l'apparition de mécanismes nouveaux. L'intensité de ces mouvements psychiques complexes et contradictoires explique la survenue de manifestations bruyantes ou discrètes, dont il importe de repérer les aspects normaux et les risques éventuels de dérive pathologique. C'est donc aux issues de la crise d'adolescence qu'il convient de s'attacher plus qu'au phénomène en lui-même.

Ce processus, qui aboutit à un niveau d'organisation psychique supérieur, s'inscrit dans une temporalité variable : on peut en fixer l'entrée avec la puberté, il est plus difficile d'en fixer la limite. Celle-ci varie selon les sujets, mais aussi, on l'a vu, en fonction de la société et de l'époque. La délimitation en termes de préadolescence, adolescence et, depuis peu, post-adolescence offre un moyen, adopté par l'Organisation mondiale de la santé (OMS), de différencier des étapes par lesquelles passent transformations corporelles et surtout travail psychique. P. Blos[1] a décrit cinq phases pour rendre compte minutieusement de l'évolution de ce qui s'y joue. Cette perspective génétique – dont lui-même reconnaissait la dimension fictive – est remplacée aujourd'hui, en particulier chez les psychanalystes français, par une différenciation en termes de problématiques à élaborer par l'adolescent : si celles-ci semblent se présenter selon un certain enchaînement – réactivation pulsionnelle, reprise du conflit œdipien et remaniement identificatoire, mise en jeu de la problématique de séparation –, on s'accorde à considérer qu'elles se chevauchent et interfèrent l'une avec l'autre tout au long de ce processus.

La première phase de l'adolescence est dominée par l'excitation liée au renouveau pulsionnel de la puberté, et par l'importance nouvelle des relations de groupe. La seconde phase, impliquant le détachement d'avec les premiers liens, apporte la découverte de la solitude humaine. Son élaboration ouvre sur l'engagement dans l'expérience du couple.

Ph. Gutton a consacré deux ouvrages à l'étude du processus d'adolescence. Sous les termes de « pubertaire » et « adolescens », il désigne deux volets de ce temps au cours duquel se confrontent courant sensuel et mouvement de désexualisation, d'inhibition du précédent : non entendus comme des stades, ils désignent des processus psychiques. « Le pubertaire est aux phénomènes psychiques ce que la puberté est au corps : remaniements sexuels dont l'interprétation est œdipienne[2] » ; sexualisation du travail psychique, il

1. P. Blos (1962), *Les Adolescents. Essai de psychanalyse*, Paris, Stock, 1967.
2. Ph. Gutton, *Le Pubertaire*, Paris, Puf, 1991.

s'ancre sur le biologique de la puberté en réactivant les éprouvés œdipiens infantiles et le conflit œdipien. Ce processus met en crise les trois instances psychiques – ça, moi, surmoi – et se heurte à la barrière de l'inceste mise en place par l'Œdipe infantile. L'« adolescens » constitue une élaboration – concomitante ou décalée – du matériau pubertaire et de la violence qui accompagne ce dernier : elle en est issue. Utilisant l'idéal du moi et l'identification, ce processus vise la désexualisation des représentations incestueuses, permettant au sujet de s'engager dans la rencontre avec un objet potentiellement adéquat : hétérosexuel, non incestueux, antinarcissique.

Le remaniement des instances psychiques est au cœur de l'évolution de ces étapes, avec celui des mécanismes de défense qui accompagnent et permettent ce processus.

2. Le remaniement des instances et les mécanismes de défense

(A) *Le moi et le ça.* – La modification de l'équilibre entre le moi et le ça à la puberté, et l'évolution des défenses développées par le moi pour éviter les conflits provoqués par le ça dans ses rapports avec les autres instances ont été étudiées par A. Freud dans *Le Moi et les mécanismes de défense* (1946) : elle consacre une partie de l'ouvrage à l'étude des phénomènes de la puberté.

Pour A. Freud, si les pulsions peuvent se modifier dans leur confrontation au moi et aux exigences externes, le ça reste qualitativement à peu près inchangé à tous les moments de la vie. La préadolescence apporte un changement quantitatif : la quantité des émois instinctuels s'accroît et investit toutes les pulsions du ça, sexuelles et agressives : c'est ce qui explique l'augmentation des conduites agressives, voire délinquantes, le retour des tendances orales et anales qui entraînent la voracité, la complaisance dans la saleté et le désordre. L'adolescence proprement dite apporte ensuite une modification qualitative, avec la mise au second plan des pulsions prégénitales au profit des pulsions génitales et la transformation des buts pulsionnels.

Les relations moi/ça au cours de l'adolescence changent essentiellement du fait de la transformation du moi. Si le ça se modifie peu, le moi change considérablement, et utilise des mécanismes de défense nouveaux. En outre, le surmoi contribue à modifier les relations entre ça et moi : le moi devient inflexible, soucieux de maintenir les acquis de la latence, d'opposer aux exigences pulsionnelles accrues un renforcement des défenses.

Le conflit entre ça et moi se manifeste alors par une oscillation entre victoires partielles du ça, traduites par la recrudescence de l'activité fantasmatique, les poussées vers des satisfactions sexuelles perverses, l'agressivité, la délinquance, et victoires partielles du moi. Celles-ci passent par le renforcement des défenses et occasionnent angoisse, manifestations d'ascétisme, accentuation des symptômes névrotiques, inhibition.

(B) *Les mécanismes de défense.* – Dans l'organisation psychique, il appartient au moi de prendre en charge l'équilibre entre les instances, si bien qu'il joue un rôle de médiateur chargé de l'équilibre de la personne. Il ne s'en trouve pas moins dans une relation de dépendance envers les exigences du ça et du surmoi. Du point de vue dynamique, il incarne le pôle défensif de la personnalité, par la mise en jeu de mécanismes de défense. Ceux-ci participent aux tentatives d'élaboration du conflit psychique et peuvent aider le moi à éviter l'angoisse et le malaise psychique. La défense porte essentiellement sur l'excitation interne – la pulsion – et sur les représentations, telles que souvenirs ou fantasmes, en lien avec celle-ci : elle en est parfois infiltrée et rendue de ce fait moins efficace. Elle peut aussi intervenir par rapport aux affects pénibles ou inacceptables pour le moi. Les mécanismes de défense, nécessaires au maintien de l'équilibre psychique, peuvent, par leur utilisation excessive ou inadéquate, avoir des effets négatifs.

A. Freud a décrit en 1946 un certain nombre de défenses utilisées par le moi au cours de son évolution, et en a précisé l'étude dans des entretiens menés ultérieurement avec J. Sandler. En ce qui concerne la chronologie d'apparition des défenses, les points de vue se contredisent, en particulier lorsqu'il s'agit de déterminer si telle ou telle défense nécessite un moi déjà constitué ou, au contraire, contribue à sa constitution. La période de latence voit, selon S. Freud, s'édifier les forces psychiques qui s'opposeront ensuite aux pulsions[1]. Elles prennent appui sur de nouveaux mécanismes de défense comme la formation réactionnelle, ou sur le processus de sublimation, qui oriente la pulsion sexuelle vers un nouveau but, socialement valorisé. Au cours de cette période s'intensifie et se diversifie le recours aux mécanismes de défense.

L'adolescence voit le recours, renforcé mais parfois fluctuant, aux mécanismes existants (répression, isolation) et à de nouvelles modalités défensives : la bêtise, l'ascétisme et l'intellectualisation qui appartiennent au registre psychique. On met également en évidence le recours défensif à l'agir.

1. S. Freud (1905), *Trois Essais sur la théorie sexuelle*, trad. P. Koeppel, Paris, Gallimard, 1987.

P. Denis décrit sous le terme de « bêtise » un fonctionnement propre au préadolescent, « sorte de recours d'urgence lorsque les possibilités actuelles du sujet pour traiter ses émois sont momentanément ou plus durablement débordées[1] » : il apparaît en particulier dans toutes les circonstances ayant valeur traumatique, valeur de séduction, comme paraître en public, se trouver en groupe. Cette bêtise affective, sans rapport avec l'intelligence de l'enfant, est un moyen de traiter l'excitation. Le coq-à-l'âne, le calembour, la dérision lui permettent de traiter l'angoisse liée aux problèmes sexuels. Ce fonctionnement vise essentiellement à nier la réalité de la sexualité. Il s'oppose à l'humour, procédé plus évolué qui implique des instances psychiques suffisamment différenciées et, surtout, un surmoi bienveillant. L'humour, employé plus tardivement à l'adolescence, prend en compte réalité externe et réalité interne, tandis que le fonctionnement bête cherche à les méconnaître.

L'ascétisme relève d'un rejet massif du corps – A. Freud parle de haine – du fait de la réactivation pulsionnelle que l'adolescent subit à la puberté. S'opposant aux fantasmes incestueux et à l'intensification de la masturbation qui les accompagne, ce rejet s'étend ensuite défensivement à tout ce qui est susceptible de procurer du plaisir : le moi interdit toute expression de désir et toute satisfaction pulsionnelle, en élargissant parfois de manière dangereuse le champ de ses interdictions. Tout ce qui touche de près la sexualité est écarté, puis le registre des besoins vitaux peut lui-même faire l'objet du refus, à l'instar de ce que l'on observe chez les ascètes religieux : sommeil, confort, nourriture connaissent une restriction préoccupante. Le corps

1. P. Denis, *Éloge de la bêtise*, Paris, Puf, « Épîtres », 2001, p. 10.

est contrôlé, jugulé même pour lutter contre l'angoisse d'en perdre la maîtrise sous l'effet des pulsions, par la gymnastique forcenée, le refus de se couvrir et le rejet des aliments, que l'on observe dans les conduites anorexiques. Dans *Dedalus. Portrait de l'artiste par lui-même*, l'écrivain James Joyce évoque avec la force de l'art les pratiques acharnées par lesquelles, adolescent, le jeune Stephen se punit : « Chacun de ses sens était soumis à une rigoureuse discipline » ; il mortifie sa vue, son ouïe, son odorat et son corps par des pratiques coercitives qui ont pour visée la répression des désirs sexuels et de l'agressivité. Dans ces pratiques, la limite entre recours normal à la défense et bascule vers le pathologique relève de la dimension transitoire ou durable du processus et non de son intensité. Le plus souvent, la guérison spontanée passe par un revirement qui autorise ce qui était interdit, et de manière tout aussi extrême.

L'intellectualisation a les mêmes fonctions que l'ascétisme : contention et maîtrise des pulsions, et les deux sont souvent utilisées de pair. *Dedalus*, ou encore le roman de Musil, *Les Désarrois de l'élève Törless*, en donnent des exemples éclairants. On connaît chez l'adolescent cet investissement de spéculations abstraites, portant sur des sujets d'une portée universelle (Dieu, la mort, le Bien, le Mal), où se déplacent et se dépulsionnalisent les préoccupations sexuelles et les désirs de mort. L'intellectualisation offre toutefois plus de champ à l'échange que l'ascétisme : c'est bien souvent au sein de discussions entre amis ou en groupe que ces sujets sont débattus.

Bien qu'il ne s'agisse pas d'un mécanisme de défense psychique, on souligne la valeur défensive, chez l'adolescent, du recours à l'agir. Celui-ci offre une voie de décharge aux conflits que le moi ne peut temporairement prendre en charge. Rendant compte d'une difficulté à se représenter psychiquement les conflits, il utilise le réel pour les figurer. Les modalités en sont diverses : l'activité physique, l'errance, le recours au tag permettent le contrôle de la réalité externe, à défaut de maîtrise du monde interne, et offrent le moyen de marquer la prise de distance et l'appropriation. L'investissement du corps par l'adolescent champion peut, dans certains cas, avoir cette fonction, si bien que Claire Carrier note le risque, pour le sportif de haut niveau, d'une dépendance aux « objets sportifs », risque qui sous-tend le besoin de maintenir une recherche d'excitation et de sensations corporelles[1].

Investissement généralement transitoire à valeur défensive, qui rend compte chez certains adolescents de la mise en défaut ponctuelle des processus psychiques, il peut être considéré par certains – en opposition à la conception d'un agir par défaut de mentalisation – comme une recherche créative de solutions face aux exigences contradictoires des transformations adolescentes. Le « passage par l'acte », selon la formule de R. Roussillon, est alors à considérer comme « une chance pour la symbolisation[2] ». Toutefois, l'agir peut aussi dériver chez d'autres vers un comportement dont la valence est essentiellement négative : on en verra les traductions dans la partie consacrée aux troubles de l'adolescence.

(C) *Le surmoi.* – Les acceptions de certains termes, chez S. Freud, ne sont pas univoques : surmoi, idéal du moi, moi-idéal ne sont pas utilisés chez lui de manière constante. Dans « Le moi et le ça[3] », le surmoi constitue une seule instance réunissant les deux fonctions d'inter-

1. C. Carrier, *L'Adolescent champion. Contrainte ou liberté*, Paris, Puf, 1992.
2. R. Roussillon, *Le Jeu et l'Entre-je(u)*, Paris, Puf, 2008.
3. S. Freud, « Le moi et le ça » (1923), in *Œuvres complètes XVI*, Paris, Puf, 1991.

diction et d'idéal. On distingue actuellement les deux fonctions sous les termes distincts ; leur importance respective est soulignée par les psychanalystes d'adolescents.

Les instances psychiques organisées au cours de la période de latence ont établi un équilibre apportant au psychisme une paix relative. Le surmoi, constitué par l'intériorisation des exigences et des interdits parentaux, relaie la relation de l'enfant aux parents et se constitue alors en instance impersonnelle. Il forme un ensemble psychique qui appartient en propre à l'enfant, où celui-ci se reconnaît et a le sentiment de s'interdire à lui-même un certain nombre de choses ; si sa fonction est assimilable à celle d'un censeur, il a aussi envers le moi un rôle protecteur.

L'entrée dans l'adolescence remet en jeu l'équilibre de l'appareil psychique, qui se voit débordé. Sous l'effet de la puberté, le ça – support psychique de la vie pulsionnelle – met à l'épreuve le surmoi, et les relations entre moi et surmoi se modifient. L'accès à la maturité sexuelle supprimant la barrière physiologique, le surmoi devient un obstacle à la puissance physique nouvelle : sa position s'en trouve affaiblie. Cet affaiblissement est accentué par ce qui se joue chez les parents. Face aux changements de leurs enfants, les parents connaissent une réactivation inconsciente de leur problématique pubertaire et fluctuent dans le maintien de la distance nécessaire : ils perdent de ce fait leur rôle de soutien des instances et en particulier du surmoi.

(D) *L'idéal du moi.* – Qu'il soit considéré, selon les psychanalystes, comme une fonction du surmoi ou comme une substructure particulière de ce dernier, l'idéal du moi constitue un modèle auquel le sujet doit se conformer. Il est issu du narcissisme (l'idéalisation du moi) et des identifications aux parents, à leurs idéaux et aux idéaux collectifs. S'y ajoute l'idéalisation de l'enfant par les parents. M. Laufer distingue les idéaux préœdipiens, très dépendants de la présence et de la qualité des relations à l'objet, de l'idéal du moi, lequel demande pour se constituer le déclin du conflit œdipien et l'instauration du surmoi. Pour P. Blos, si l'idéal du moi est bien issu du narcissisme, il ne trouverait son organisation définitive qu'en cours d'adolescence, dans l'abandon irréversible de la position œdipienne négative.

La faille dans l'alliance entre moi et surmoi, la remise en cause des parents, le réaménagement entre narcissisme et relations d'objet contribuent à donner à l'idéal du moi une place nouvelle et un rôle essentiel à l'adolescence. Se dégageant du surmoi, il trouve son autonomie. Absorbant la libido narcissique et homosexuelle, il représente l'instance régulatrice du narcissisme et a un rôle important à un moment où ce dernier est fortement fragilisé. Issu du renoncement au narcissisme infantile par la projection de ce dernier comme idéal, sa fonction est d'offrir au narcissisme une ouverture vers une réalisation possible dans le futur. L'adolescent recherche donc dans l'idéal du moi une image satisfaisante de lui-même, susceptible de conforter son narcissisme, sans retourner aux idéaux mégalomaniaques de l'enfance, trop liés aux investissements des parents. Il se tourne pour ce faire hors du milieu familial, en quête de soutien pour ses idéaux. Lors de cette construction fluctuante, certains supports s'offrent à l'adolescent : recours aux engagements amoureux, à l'humour, à la sublimation, aux identifications groupales. Si certains d'entre eux participent à l'évolution élaboratrice de l'idéal du moi, d'autres ne relèvent que de l'impasse[1].

1. M. Emmanuelli, « La recherche du temps futur : l'idéal du moi à l'adolescence », in G. Cabrol, H. Parat, *Les Idéaux*, Paris, Puf, 2010.

L'adolescent trouve parfois un idéal du moi provisoire dans l'adhésion à un idéal collectif, souvent opposé à celui des parents : celui-ci lui permet de conforter son estime de soi, ébranlée par l'attaque contre les figures identificatoires, et de déplacer ses investissements vers des figures externes. Choisies parmi les pairs, celles-ci constituent des modèles qui permettent l'intégration de l'homosexualité psychique et la consolidation du narcissisme et font de ce temps une étape capitale. Toutefois, cet idéal de groupe peut aussi devenir contraignant, lorsque l'adolescent craint de ne pas être à la hauteur des attentes de ses pairs.

Dans les aménagements de l'idéal du moi adolescent, la qualité des images parentales joue néanmoins un rôle important. Leur rejet en effet ne doit pas être radical : en dépend l'accord maintenu entre idéal du moi issu de leurs identifications et idéal du moi nouvellement acquis. Dans le cas contraire, l'adolescent se voit soumis défensivement à une quête d'idéaux et d'identifications externes qui contribuent à appauvrir le moi et le laissent mal unifié. É. Kestemberg[1] a souligné en outre les dangers de la déception occasionnée par l'écart entre le projet idéal de l'adolescent – ce qu'il attendait inconsciemment et imaginairement d'une nouvelle vie – et ce que lui offre la réalité. De l'aménagement possible ou non de cet idéal dépend l'issue positive de la crise d'adolescence, par la relativisation progressive de cette idéalisation, ou l'entrée dans l'ennui, la morosité, l'absence d'investissement dus à son effacement. Le mouvement dépressif est alors à craindre.

1. É. Kestemberg, « Notule sur la crise de l'adolescence. De la déception à la conquête », *Revue française de psychanalyse*, t. XLIV, n° 3-4, 1980, p. 523-530.

C'est encore, nous semble-t-il pour une part importante, sous l'effet des vicissitudes de l'idéal que l'on peut comprendre le phénomène récent d'embrigadement des adolescents dans le mouvement djihadiste, qui les conduit le plus souvent à rejeter famille, environnement et institutions et même à partir pour s'engager personnellement à l'étranger. L'ouvrage de Dounia Bouzar, éducatrice et anthropologue, qui a contribué à créer en 2014 le Centre de prévention contre les dérives sectaires liées à l'islam (CPDSI), décrit le processus d'endoctrinement puis d'embrigadement dans des termes qui soulignent la forte part de l'idéalisation dans ces parcours, dont l'évolution est souvent d'une rapidité extrême. Du travail effectué avec quatre cents adolescents et jeunes adultes sous « emprise djihadiste », elle dégage les éléments suivants : « l'engagement dans le "djihad" correspond toujours à un embrigadement qui se construit en résonance avec des motifs individuels qui peuvent être politiques, sociaux, humanitaires ou psychologiques. Les uns veulent régénérer le monde, le purifier, se régénérer eux-mêmes ; les autres désirent tourner la page, devenir quelqu'un (un héros, un homme) ; d'autres encore souhaitent se venger, prendre la place de Dieu, éliminer ceux qui ont humilié les plus faibles, etc. » On comprend dans son analyse combien et comment ce processus d'endoctrinement peut être efficace auprès d'adolescents en mal d'idéal, en quête de sens à donner à leur vie, à la recherche de vérité absolue : « Le discours "djihadiste" donne l'illusion au jeune endoctriné que son malaise (vis-à-vis de ses amis, de ses résultats scolaires, de la société) vient du fait qu'il est élu par Dieu comme un être supérieur qui détient la Vérité[1]. »

1. D. Bouzar, *Comment sortir de l'emprise djihadiste ?*, Ivry-sur-Seine, L'Atelier, 2015.

III. – Les problématiques

Évoquons à présent, sans les référer à une organisation temporelle systématisée, les principales problématiques en jeu au cours de ce processus – de la puberté, qui précipite dans la préadolescence, à l'entrée dans l'âge adulte, qui passe par une « adultisation » au cours de la postadolescence. Il faut souligner l'intrication de ces problématiques : la reprise du conflit œdipien met en crise le narcissisme et organise la nécessité d'une séparation ; cependant, les modalités brutales de rejet des parents réels et de désengagement à l'égard des parents intériorisés infantiles (les imagos) déstabilisent l'identité et les identifications et accentuent les difficultés à prendre de la distance. L'adolescence, qui contraint à ces remaniements parfois antagonistes, est inscrite sous le signe du paradoxe, en particulier celui qui préside aux relations entre narcissisme et relations d'objet (entre investissement de soi et investissement de l'autre). Les paradoxes sont multiples : l'adolescent doit changer en demeurant le même, se détacher de ses parents en maintenant, remaniés, les identifications et le lien au surmoi qui en dérivent. Les angoisses liées à ces problématiques s'intriquent et s'aggravent : angoisse d'incomplétude et de castration et angoisse de perte d'objet et d'abandon retentissent sur le narcissisme. Les effets des paradoxes sont aussi antinomiques : poussant à la créativité certains adolescents, qui investissent leur pensée dans le travail psychique élaboratif, ils peuvent avoir effet de sidération ou de désorganisation. L'adolescent peut être conduit aux passages à l'acte les plus divers : prise de drogue, fugues, tentatives de suicide, conduites anorexiques conduisant parfois jusqu'à la mort. D'autres issues prennent la forme d'une attaque des liens psychiques, qui fait basculer le sujet dans la perte de contact avec la réalité. Nous aborderons ces points dans le chapitre suivant.

1. **Les identifications sexuelles : vers la masculinité et la féminité.** – Les modifications du corps assignent à l'adolescent une tâche essentielle : s'inscrire dans un corps sexualisé, lui permettant d'occuper définitivement sa position, en tant qu'homme ou que femme, dans le réseau des échanges symboliques, et d'accéder à la masculinité ou la féminité. Il faut en effet, comme le fait C. Chiland[1], distinguer les notions de mâle/femelle, déterminées par le biologique puis l'assignation d'un sexe à la naissance, qui constituent l'identité de genre, et le couple masculinité/féminité, qui fait intervenir la manière dont le sujet reprend dans sa fantasmatique personnelle les poussées biologiques et les stéréotypes sociaux concernant les rôles sexuels. Ce second pôle est lié à la bisexualité psychique, par le jeu de l'identification, processus inconscient qui amène le sujet à s'approprier à son insu un trait de l'objet. De cette question complexe, retenons l'idée que tout être humain porte en lui, du fait des identifications au père et à des hommes, à la mère et à des femmes, une part masculine et une part féminine. Il peut aussi s'identifier à la bisexualité de l'un et l'autre de ses parents, au féminin du père, au masculin de la mère. Ces identifications ne sont pas strictement équivalentes : le pôle masculin prédomine généralement chez le garçon et le pôle féminin chez la fille. La bisexualité psychique n'empêche pas la constitution dans l'enfance de l'identité sexuelle, savoir anatomique et conviction d'appartenir au genre féminin ou masculin. Elle va cependant de

1. C. Chiland, *Homo psychanalyticus*, Paris, Puf, 1990.

pair, jusqu'à l'adolescence, avec une croyance maintenue dans la potentialité, pour l'enfant, de n'avoir à renoncer aux attributs ni d'un sexe ni de l'autre. Ce fantasme concerne aussi bien le garçon que la fille : le petit Hans, âgé de 5 ans, en donne un exemple fameux dans un dialogue avec son père retranscrit par Freud : « Aimerais-tu avoir une petite fille ? », demande le père. « Oh ! oui ! Pourquoi pas ? J'aimerais en avoir une mais maman ne doit pas en avoir ; je n'aime pas ça. » « Mais tu ne peux pas avoir de petite fille. » « Oh si ! les petits garçons ont des filles et les filles des garçons[1]. »

L'évidence biologique de la puberté ébranle cette croyance, et l'adolescence constitue le temps d'inscription dans une identité sexuelle irréversible : masculinité et féminité en sont l'aboutissement ; il s'agit donc tout à la fois d'une conquête et d'un renoncement. Dans une période transitoire, l'adolescent peut adopter des positions radicales dont le sens n'est pas univoque : l'investissement extrême de la masculinité pour le garçon sert parfois de contre-investissement à l'angoisse de castration ; il peut aussi exprimer la lutte contre les tendances passives ramenées par la puberté. Chez la fille, l'adoption d'attitudes et de goûts masculins marqués, le rejet des signes de féminité peuvent traduire, par une revendication phallique exhibée, la prévalence de tendances masculines tout autant que la lutte contre l'identification à la mère, ou encore le contre-investissement d'une féminité qui fait l'objet d'attente et d'angoisse.

(A) *La problématique « transsexuelle ».* – La problématique « transsexuelle » relève d'un autre fonctionnement.

---

1. S. Freud, « Analyse de la phobie d'un garçon de cinq ans », *Cinq Psychanalyses* (1909), Paris, Puf, 1982 (11e éd.), p. 154.

Elle recouvre des réalités diverses et enchevêtrées, que la notion d'identité primaire proposée par R. J. Stoller ne suffit pas à expliquer. Pour Stoller, le transsexualisme proviendrait d'une empreinte précoce issue des relations premières parents/enfants, faisant dominer une identification primaire au parent du sexe opposé, et aboutissant à une identité de genre inversée et irréversible : ce point de vue n'est pas partagé par tous. Il convient en particulier de distinguer transsexualismes primaire et secondaire, ce dernier apparaissant à la puberté. La demande de changement de sexe s'inscrit, pour certains sujets, dans la conviction d'appartenir au sexe opposé, conviction reposant sur le déni de la réalité et soutenue, pour certains, par un fonctionnement psychotique. Chez d'autres, elle recouvre le refus d'une homosexualité vécue comme anormale : changer de sexe justifierait l'attrait irréductible pour les personnes de son propre sexe. La puberté, chez les sujets qui ont un malaise dans leur identité sexuée, intervient comme une « catastrophe », selon les termes de A. Oppenheimer. La demande de changement de sexe survient, chez la fille, quand les signes pubertaires l'obligent à renoncer à sa croyance que le pénis peut pousser. Elle marque l'attachement à la réalité matérielle aux dépens de la réalité psychique. Pour A. Oppenheimer, la situation psychique de l'adolescente « transsexuelle » est complexe : « Le sentiment d'identité, les désirs et les rôles sexuels sont contraires à ceux des filles. En revanche, l'organisation psychosexuelle n'est pas celle des garçons[1]. » C. Chiland souligne, de son côté, la diversité des situations que recouvre la demande de changement de sexe à l'adolescence : la conviction

1. A. Oppenheimer, « Le choc de la puberté. À propos de la demande de changement de sexe », *Adolescence*, t. I, n° 2, 1983, p. 311.

d'appartenir à l'autre sexe est, chez certains, ancrée depuis toujours ; elle apparaît pour d'autres comme une illumination, par la rencontre de l'adolescent avec le thème transsexuel dans les médias[1]. Pour cet auteur, l'homosexualité est présente chez toutes les adolescentes qui viennent demander une réassignation de sexe, parfois même elle a été le premier signe de ce qui conduira au refus du sexe d'assignation. Ce qui est au premier plan, c'est le rejet de l'autre sexe ; mais les entretiens menés avec les adolescents montrent aussi la conviction que l'intervention chirurgicale peut leur donner toutes les réalités physiologiques du sexe opposé : un pénis fonctionnel, un utérus greffé. L'annonce de la réalité entraîne une déception massive, dont les effets et conséquences sont variables : demande de psychothérapie, fuite, maintien de la demande avec maintien du déni de la réalité.

(B) *L'homosexualité à l'adolescence.* – La psychosexualité implique un travail psychique et l'adolescence constitue une étape charnière pour son élaboration. L'homosexualité est entendue, au sens courant, de manière restrictive : le *Littré* la définit comme « tendance, conduite des homosexuels ». Dans la perspective psychanalytique, les acceptions du terme sont plus complexes. Sous les termes d'« homosexualité primaire » et d'« homosexualité secondaire », on fait référence non à des pratiques mais à des positions psychiques, qui renvoient à des notions différentes : étape de développement pour l'une, qui sert à organiser l'altérité ; fixation érotique ou objectale à l'image du parent tiers, pour l'autre, liée à l'Œdipe négatif, et susceptible de réorganisation par le jeu de la bisexualité.

1. C. Chiland, *Changer de sexe*, Paris, Odile Jacob, 1997.

Les représentations homosexuelles secondaires jouent un rôle important dans l'identification, et dans la représentation de soi.

En outre, comme le souligne É. Kestemberg[1], il importe, pour parler de l'homosexualité, de distinguer soigneusement tendances, désirs, fantasmes, pratiques et liaisons homosexuels, qui renvoient à des organisations et modes d'être divers. Cette distinction est plus que jamais nécessaire à l'adolescence, et un certain nombre de travaux portent sur les modalités particulières qu'occupe l'homosexualité psychique et agie au cours de cette période.

L'adolescence comporte, pour les deux sexes, un temps d'investissement de l'autre semblable, dans une relation qui sert le narcissisme : divers auteurs en soulignent le rôle positif, voire nécessaire[2]. Les fantasmes homosexuels sont souvent présents à l'adolescence : ils conduisent parfois à des relations ponctuelles, mais suivent le plus souvent la voie sublimatoire, prenant la forme de l'amitié, de la participation à des activités dans des groupes homosexués (orchestre, équipe sportive, jeux de rôle). Ils ne trouvent que chez quelques adolescents l'expression d'un choix d'objet définitif. É. Kestemberg évoque, dans la dynamique d'une cure d'adolescente, un investissement homosexuel transitoire et en explique la fonction. Il permet à sa jeune patiente de « se retrouver elle-même au travers de l'autre, d'être comme elle désirable et désirée, ce qui lui permet de devenir elle-même ». Elle s'attache à montrer la valeur structurante et quasi inéluctable des investissements

1. É. Kestemberg, « "Astrid" ou Homosexualité, identité, adolescence. Quelques propositions hypothétiques », *Les Cahiers du Centre de psychanalyse et de psychothérapie*, n° 8, 1984, p. 1-30.
2. Voir les articles de S. Lesourd, F. Pommier, C. Ternynck dans *Adolescence*, t. XIX, n° 1, 2001.

homosexuels dans le décours de la crise d'identité et d'identification de l'adolescent, soulignant l'importance de la fantasmatisation de l'homosexualité au sein du psychisme.

Pour T. Tremblais-Dupré, la fille trouve, dans l'échange narcissique, la découverte de la féminité naissante, les passions pour une jeune adulte idéalisée, une étape structurante pour la future hétérosexualité féminine. Le choix d'objet homosexuel, quant à lui, « suppose une identification à un père, souvent lointain, faible, ou charmant, idéalisé et incorporé[1] ». Chez le garçon, l'interrelation des identifications masculines et féminines explique l'importance de l'amitié, sous-tendue par l'homosexualité latente : l'ami joue le rôle d'un double narcissique, portant l'idéal du moi, et contribue à un sentiment d'unité psychique. La phrase de Montaigne disant, de sa relation avec La Boétie : « Parce que c'était lui, parce que c'était moi », éclaire ce sentiment, qui prend source dans la position du petit garçon se mirant – phallique – dans le regard de sa mère. L'immense besoin passif d'être aimé suscite cependant une angoisse qui entraîne défensivement l'hypervirilité.

Alors que cette problématique concerne les deux sexes, filles et garçons diffèrent dans la manière de l'aborder. À partir de son expérience clinique dans un centre d'accueil pour adolescents, M. Cournut-Janin le souligne : l'homosexualité agie ou inhibée, consciente ou inconsciente, est au premier plan des questions que se posent les adolescents garçons et leur famille, ce qui n'est pas le cas pour les filles. L'attachement à l'ami,

1. T. Tremblais-Dupré, « La sexualité adolescente et son trouble. Le masculin et le féminin », in A. Fine *et alii* (dir.), *Les Troubles de la sexualité*, Paris, Puf, 1993, p. 79.

pour le garçon, entraîne la peur de l'homosexualité active et constitue la source fréquente d'une demande de psychothérapie destinée à élucider la position du sujet. Chez la fille, cette problématique homosexuelle est tout à la fois plus secrète et moins agie sexuellement[1].

2. **Amour et sexualité à l'adolescence.** – L'évolution sociale est sur ce point considérable, et les rapports amoureux, autrefois placés sous le sceau de l'interdit sexuel, ont radicalement changé du fait du développement de la contraception, de la libération des mœurs obtenue par la « génération de 68 », et du changement de position des parents à l'égard de la sexualité de leurs enfants.

Une enquête d'avril 1995[2] sur les comportements sexuels des jeunes de 15 à 18 ans donne des résultats montrant qu'avec des variations qui tiennent à l'âge, aux filières professionnelles et au sexe, la moitié des adolescents interrogés ont des relations sexuelles complètes. L'âge médian de la première relation se situe autour de 17 ans, âge que l'on retrouve dans une enquête menée en 2012[3] ; de fait, la comparaison avec le passé montre que le tournant marquant l'accès plus libre à l'activité sexuelle se situe dans les années 1970.

Les relations de l'adolescent avec son corps n'en sont pas pour autant devenues simples, et cette évolution sociale s'accompagne de manifestations psychopathologiques en lien avec le refus plus ou moins manifeste

1. M. Cournut-Janin, *Féminin et féminité*, Paris, Puf, 1998.
2. H. Lagrange, B. Lhomond, *Le Comportement des jeunes de 15 à 18 ans*, Agence nationale de recherche sur le sida, Paris, La Documentation française, 1995.
3. *Données préliminaires sur la sexualité des jeunes* (2012), Centre régional d'information et de prévention du sida, région PACA.

de la sexualité : en témoignent par exemple les troubles anorexiques. L'apparition, au début des années 1980, de l'épidémie du sida fait porter sur la relation sexuelle le poids de l'angoisse de mort. L'adolescent se voit contraint d'avoir un comportement prudent et « responsable » – peu compatible avec « les égarements du cœur et de l'esprit » et avec l'idéalisation inhérente à la relation amoureuse. Le regard des parents et de la société sur sa sexualité allie la complicité libérale, témoin d'un flottement dans les limites entre générations, et la préoccupation angoissée concernant les modalités pratiques de protection. L'une et l'autre ont des effets troublants, resexualisant les relations aux parents, et désexualisant les relations sexuelles. Cette évolution a eu des conséquences paradoxales : si la liberté des mœurs a pu favoriser pour certains l'accès simple à la relation à l'autre, elle n'a pas supprimé les sources de conflit. La frustration imposée par la réalité antérieure offrait aussi une protection face aux insatisfactions ressenties. La pratique sexuelle libre et précoce, inscrite dans l'abolition apparente de la culpabilité et des tabous, relève, pour certains adolescents, plus de l'adoption d'un idéal du moi collectif envahissant que d'une véritable évolution psychique maturative. En effet, la liberté sexuelle est toujours difficile à conquérir sur le plan psychique – compte tenu du caractère atemporel de l'inconscient –, comme le souligne V. Estellon dans son ouvrage sur les sex-addicts[1]. Les conséquences de cette évolution sont relatées par É. Kestemberg en 1982[2]. Contrairement à ce qu'elle constatait dans un travail précédent (1962),

1. V. Estellon, *Les Sex-addicts*, Paris, Puf, « Que sais-je ? », 2014.
2. É. Kestemberg, « La sexualité des adolescents », in S. C. Feinstein *et alii*, *Psychiatrie de l'adolescent*, Paris, Puf, 1982, p. 53-67.

les adolescents de 1982 ne connaissent apparemment pas de culpabilité et de conflits dans l'exercice de leur vie sexuelle. Et, paradoxalement, cette sexualité semble désinvestie, comme s'il y avait une séparation entre leur propre corps et le plaisir ou le non-plaisir qu'ils peuvent en tirer. Les conséquences se lisent dans le déplacement des conflits sur la sphère intellectuelle, qui aboutit à une inhibition intellectuelle accompagnée d'une dépression exhibée. La dévalorisation du fonctionnement sexuel semble entraîner celle de l'activité de pensée avec pour conséquence la perte du plaisir à penser. Une telle perte est alors vécue comme un manque, une absence d'intégrité qui ébranle le sentiment de soi, retentissant sur le narcissisme. Le passage à l'acte sexuel sans capacité d'attente et de préparation suggère, pour E. Schmid-Kitsikis (2001), une diminution de l'idéalisation inhérente à l'état amoureux, et une banalisation de l'amour. L'entrée précoce dans une vie à deux, plus fréquente aujourd'hui, s'accompagne souvent d'une conscience de l'aspect transitoire du lien et contribue à cette banalisation.

Cela ne signifie pas, bien entendu, que l'amour n'existe pas à l'adolescence : la synthèse entre courant tendre et courant sensuel, qui le caractérise, est ce vers quoi tend l'évolution adolescente. Toutefois, cette intégration est plus souvent possible après un temps d'élaboration du narcissisme et de l'idéal du moi. Ph. Gutton décrit, dans *Adolescens*, le partage amoureux et nomme « névrose d'amour » cette organisation intermédiaire qui contribue au développement. Pour E. Schmid-Kitsikis, si l'adolescent est susceptible d'atteindre un tel fonctionnement, la prépondérance du vécu passionnel renvoie à plus tard cette capacité objectale de partage. L'idéalisation demeure un mode de fonctionnement privilégié, souvent appliqué à la relation d'objet nouvelle. Certains adolescents nous parlent de cet amour qui les transporte, qui comporte parfois même la nécessité d'être tenu secret, non révélé à son objet même, lequel acquiert le statut d'idole intouchable. La dimension narcissique d'un tel amour rejoint ce qu'écrit Freud de certaines figures de l'état amoureux où l'objet « est traité comme le moi propre [...] une bonne mesure de libido narcissique déborde sur l'objet. Dans maintes formes de choix amoureux il saute même aux yeux que l'objet sert à remplacer un idéal du moi propre, non atteint[1] ».

Dans la pratique, l'adolescent vit aujourd'hui souvent soit une succession d'expériences sexuelles, soit une mise en ménage précoce, qui vise à éviter la dépendance aux parents, et la reproduit. Selon le sociologue G. Neyrand, « la plupart des adolescents évoquent un modèle où le sexe n'est pas séparable de l'amour, mais où les exigences d'authenticité et de sincérité favorisent de fait la pluralité des rencontres avant la mise en couple stable. En effet, chez les adolescents, l'infidélité sexuelle entraîne la rupture amoureuse beaucoup plus radicalement que chez leurs aînés[2] ».

3. **Le narcissisme adolescent.** – L'investissement d'un nouvel objet puis l'engagement dans une relation avec un autre distinct et différent de soi constituent l'aboutissement de l'évolution libidinale. Celui-ci est précédé de mouvements faisant alterner l'intérêt pour les autres et le repli sur soi. Cette centration narcissique est inhérente au processus d'adolescence.

---

1. S. Freud, « Psychologie des foules et analyse du moi » (1921), chap. VIII : « État amoureux et hypnose », *Essais de psychanalyse*, in *Œuvres complètes XVI*, Paris, Puf, 1991.
2. G. Neyrand, « Le sexuel comme enjeu de l'adolescence », *Dialogue*, t. CXLVI, n° 4, 1999, p. 3-13.

Les causes en sont multiples : avant le bouleversement de la rencontre avec l'autre prévaut l'inquiétude due aux modifications du corps, aux préoccupations quant à son intégrité et à ses potentialités de séduction. C'est le temps des interrogations anxieuses sur tel ou tel aspect du corps ou du visage qui focalise l'insatisfaction et sert de déplacement aux angoisses de castration : nez trop grand, pénis trop petit, seins insuffisants. Ces préoccupations exagérées concernant l'aspect du corps, ces craintes d'être difforme sont courantes et ponctuelles, entre 12 et 17 ans. Cette centration sur le corps est toutefois aussi au cœur, on le verra, des processus pathologiques adolescents : les dysmorphophobies ont alors une autre signification et font, par exemple, partie des signes d'entrée dans la schizophrénie – pathologie grave du narcissisme.

Le corps occupe, chez l'adolescent, une place essentielle, à la croisée de l'intime et du relationnel. Il offre aussi un lieu d'exposition des revendications alliant exhibition et déguisement : vêtements, parures, tatouage, piercing attirent l'attention tout en la détournant parfois du corps et du visage. À partir de la puberté, et avec une accentuation au cours de l'adolescence, les préoccupations se centrent sur le poids : les filles ont tendance à se juger trop grosses et à vouloir maigrir, un certain nombre de garçons se jugent trop maigres et souhaitent grossir[1].

La centration narcissique reflète le reflux vers soi de l'investissement libidinal, qui se détourne momentanément de l'objet, au cours du processus d'adolescence : cela constitue un mouvement nécessaire, et il convient au cours de cette période d'en distinguer

1. S. Ledoux, « Image du corps à l'adolescence », *Adolescence*, t. XV, n° 1, 1997, p. 259.

les aspects normaux des aspects pathologiques. Pour O. Kernberg, il existe un narcissisme normal (dans sa perspective, un « investissement libidinal du soi ») et un narcissisme pathologique ; la différenciation entre l'un et l'autre à l'adolescence constitue un problème pratique important.

La centration narcissique a des aspects positifs : apaisement de l'excitation, renforcement du sentiment de cohésion de soi mis à l'épreuve par le tumulte des pulsions et par la résurgence de l'angoisse de castration. Elle offre à l'adolescent la ressource d'activités centrées sur lui-même : journal intime, poésies, rêveries et créations personnelles, mais aussi jeu avec la pensée qui trouve alors un mode nouveau de fonctionnement, source de satisfactions. Avec l'accès à la pensée formelle et au raisonnement hypothético-déductif, l'adolescent se dégage du concret pour penser en termes abstraits : le possible ne se manifeste plus comme un prolongement du réel, mais au contraire le réel se subordonne au possible. Pour B. Inhelder et J. Piaget[1], cette évolution, qui donne à l'adolescent le pouvoir nouveau de se libérer du réel pour construire des théories, donne lieu un temps à une nouvelle forme d'égocentrisme, par la croyance en la toute-puissance de la réflexion, à la suprématie de celle-ci sur la réalité. La négociation entre pensée formelle et réalité, qui corrige peu à peu ce mouvement, correspond, dans la théorie psychanalytique, au réaménagement entre instances et participe à l'équilibre entre principe de plaisir et principe de réalité.

On a vu au demeurant que ce remaniement narcissique implique bien souvent l'investissement de la relation intime avec l'ami, qui devient comme une part

1. *De la logique de l'enfant à la logique de l'adolescent*, Paris, Puf, 1955.

de soi-même, ou celle du groupe qui, pour un temps, sert de support à l'idéal du moi.

Les manifestations pathologiques survenant à l'adolescence, sur lesquelles nous reviendrons dans le chapitre suivant, révèlent une fragilité narcissique déjà existante, mais contenue jusque-là par un fonctionnement défensif qui aboutit à une fausse latence. Ce système défensif sans souplesse – qui peut chez certains enfants « sages » prendre la forme d'une hyperadaptation à l'environnement – se voit mis en défaut à l'adolescence par le retentissement sur le narcissisme de la réactivation œdipienne : l'angoisse de castration a, chez ces sujets, un effet désorganisant parce qu'elle réveille une faille narcissique fondamentale.

Le narcissisme de l'adolescent est également mis à mal par l'écart entre cet investissement de soi, qui prend une grande intensité, et l'investissement de l'autre. Les remaniements des liens aux parents et la prise de distance nécessaire contribuent à le fragiliser.

4. **L'élaboration psychique de la séparation.** – La séparation qui s'annonce avec l'adolescence touche aux domaines de l'intrapsychique et de la réalité externe, et concerne le narcissisme et les relations d'objet. La séparation va peu à peu mobiliser une bonne part du travail psychique au cours de cette phase qui comporte le renoncement aux liens infantiles avec les imagos intériorisées des parents, la perte de l'image de soi porteuse de l'idéal de l'enfance, et met à l'horizon la séparation effective avec les parents de la réalité et avec le champ de l'enfance. Perte d'une partie de soi-même, donc, par le biais des identifications et de l'idéal du moi de l'enfance, qui atteint le narcissisme ; perte de la relation aux premiers objets d'amour constituant aussi les fondements de la sécurité.

Dans la lignée des travaux de A. Freud, le travail interne de l'adolescence a pu un temps être comparé à un travail de deuil, et ce dernier considéré comme la tâche essentielle du temps d'adolescence. Pour P. Blos, l'adolescence représente un second processus de séparation-individuation, en référence au premier processus décrit par M. Mahler au sujet de la première enfance. « En renonçant à ses parents œdipiens, écrit Blos, l'adolescent subit une perte réelle et il fait l'expérience d'un vide intérieur, de l'accablement, de la tristesse qui accompagnent toute espèce de deuil[1]. » Le terme de « deuil » a, depuis, été contesté : l'adolescent vit, dans ce processus normal, non une perte mais une séparation. Il est vrai en outre, comme le souligne Ph. Jeammet, que l'adolescent n'est pas à même dans un premier temps de se détacher de ses objets : ils lui sont trop nécessaires. Néanmoins, on note certaines similarités entre le processus de deuil et le désengagement psychique imposé par l'adolescence. Dans les deux cas, l'issue implique de passer par l'identification à l'objet, et le temps joue un rôle considérable dans le processus ; dans les deux cas, les affects réactivés sont douloureux. C'est cette douleur psychique que l'adolescent fragile cherche à éviter, en évacuant les représentations de séparation qui les font naître, par des comportements agis qui ont fonction d'évitement de la pensée.

L'ambivalence, au cours de cette élaboration de la séparation, est fortement réactivée et l'hostilité manifestée reflète le recours à une opposition nécessaire pour achever une séparation toujours difficile. Mais, tout au long du processus d'adolescence, c'est ce détachement qui fait l'objet d'un travail psychique

1. P. Blos, *Les Adolescents. Essai de psychanalyse*, *op. cit.*, p. 122.

permettant l'émergence d'un adulte séparé de ses premiers objets d'amour mais réconcilié avec eux, concerné par eux et capable de s'en préoccuper. Au cours de ce passage, qui a de grandes ressemblances avec ce que M. Klein décrit comme « position dépressive », étape structurante de l'évolution psychique, la nostalgie de l'objet d'amour perdu – ensemble de sentiments qui relèvent de l'inquiétude concernant l'objet aimé, et du désir de le retrouver – prend le pas sur les mouvements agressifs et ouvre la voie aux désirs de réparation, sources de symbolisation. Ce processus nécessite la prévalence de l'amour, et de son pouvoir d'intrication, sur la haine, prévalence qui sous-tend les mouvements de réparation, faute de quoi la désintrication retentit sur les capacités de pensée, aboutissant à l'inhibition ou au recours à l'agir.

À la fin de cette évolution qui occupe les quelques années que recouvre la période d'adolescence, le post-adolescent consent à nouveau à échanger de l'amour avec ses parents, sans courir le risque d'une trop grande dépendance.

Dans la vie actuelle, pour des raisons économiques et sociales, la séparation concrétisée par l'abandon du foyer familial est considérablement retardée chez les adolescents. Cette position de dépendance économique et matérielle, accentuée par le chômage, contribue à pérenniser un lien concret entre parents et adolescents, et entraîne un recul de la prise d'indépendance effective. Néanmoins, plus que les séparations effectives, qui ont souvent une portée psychique dérisoire tant qu'elles ne sont pas accompagnées d'un travail psychique, c'est souvent l'engagement dans un lien amoureux qui permet le réaménagement des liens aux parents, en plaçant ces derniers dans une position de tiers.

Ce processus de séparation intrapsychique nécessaire est soutenu positivement par la qualité des relations établies durant l'enfance entre l'enfant et ses parents, et par la capacité de ces derniers à tenir une position ferme face aux attaques dont ils font l'objet.

D. W. Winnicott souligne, nous l'avons vu, que, dans le fantasme inconscient, grandir est par nature un acte agressif et qu'au temps de la puberté et de l'adolescence il y a dans ce fantasme la mort de quelqu'un et le sentiment de triomphe qui l'accompagne. Il ajoute aussi que, dans cette période difficile pour tous, il importe que les parents « survivent » – ce qui ne veut pas dire qu'ils ne peuvent pas évoluer, eux aussi. Survivre signifie résister à l'agressivité temporaire sans se sentir entamé dans son amour et sans adopter l'une ou l'autre des positions extrêmes : l'acceptation soumise ou le rejet. Nous allons voir combien cette attitude mentale semble avoir été ébranlée au cours des dernières décennies.

Mais, auparavant, évoquons la question du rapport de l'adolescent à la réalité virtuelle, rapport qui – depuis plusieurs années – occupe une grande place dans sa vie et dans les interrogations des adultes qui l'observent ou le prennent en charge[1]. Ce rapport à l'objet virtuel peut selon les cas relever du jeu, dans un registre proche de l'expérience transitionnelle décrite par Winnicott, ou de la dépendance, dans une conduite compulsive qui, pour certains, relève de l'addiction. Dans un article consacré à ce sujet, F. Marty et S. Missonnier soulignent, dans le premier cas, les effets bénéfiques d'une pratique qui « se met au service du traitement de l'adolescence » en

1. Le n° 79 de 2012 de la revue *Adolescence* est consacré à cette question, plusieurs articles modulant notablement la notion répandue de dangerosité du rapport au virtuel.

permettant de rêver, d'anticiper les situations, d'affronter certaines situations de rivalité ou de danger[1]. Préférant la notion de dépendance à celle d'addiction, ils décrivent – chez les sujets pris dans un usage excessif de l'univers virtuel, en particulier les jeux de rôle en ligne – un fonctionnement psychique marqué par « la difficulté à affronter les séparations difficiles et pourtant nécessaires avec les objets parentaux, mais aussi avec le corps de l'enfance et l'identité qui lui est attachée[2] ». Ou, autrement dit, « l'adolescent utilise le rester connecté pour mieux retarder le partir [...] : c'est ainsi que le virtuel accompagne, mais risque parfois de figer la virtualité adolescente[3] ».

1. F. Marty, S. Missonnier, « Adolescence et monde virtuel », *Études*, t. CDXIII, 2010, p. 474.
2. *Ibid.*, p. 477.
3. Vlachopoulou X., Missonnier S., *Psychologie des écrans*, Paris, Puf, « Que sais-je ? », 2015.

CHAPITRE III

Les troubles de l'adolescence

I. – La violence à l'adolescence

1. Violence et société

(A) *Violence, délinquance : définitions, situation, chiffres.* – La violence constitue à l'heure actuelle un sujet de préoccupation majeure, qui intéresse plusieurs domaines : social, judiciaire, psychologique. D'un point de vue psychologique, on peut différencier deux versants de la violence, l'un positif et l'autre négatif. Dans la perspective défendue par J. Bergeret[1] qui s'appuie sur l'étymologie du terme (force vitale), la violence est non seulement présente chez tous, mais elle est nécessaire à la survie. Elle appartient aux forces de vie, soutient le mouvement même du développement, est sous-jacente à l'appétit, à la tension vers la satisfaction des besoins et des désirs : A. Birraux[2] évoque à ce propos l'idée d'une « bonne violence ». Ses destins toutefois dépendent de l'interaction précoce parents-enfants : métabolisée par les parents au profit de l'enfant, elle peut être utilisée par ce dernier de manière créatrice. Dans le cas contraire, lorsqu'il n'y a pas d'autre issue à la violence naturelle, elle peut tendre à la destruction, de l'autre ou de soi-même. Nous nous trouvons alors

1. J. Bergeret, *La Violence fondamentale*, Paris, Dunod, 1984.
2. In F. Marty, *L'Illégitime Violence. La violence et son dépassement à l'adolescence*, Ramonville-Saint-Agne, Érès, 2000.

à l'intersection du champ psychopathologique et du champ psychosocial.

Le terme de « délinquance », pas toujours associé d'ailleurs à la notion de violence, comporte des connotations sociales et judiciaires, avec leurs conséquences pénales. Le délinquant interpelle la société, la loi, la police. La compréhension psychologique de son fonctionnement a fait l'objet depuis le début du XXe siècle, de la part de la psychanalyse et de la psychiatrie, d'interprétations diverses, du fait de la différence des référents théoriques utilisés et de leur évolution. La terminologie même varie : soulignant l'aspect discutable de chaque terme (adolescent délinquant, caractériel ou sociopathe, par exemple), C. Balier et G. Diatkine ont choisi, pour le chapitre du *Nouveau Traité de psychiatrie de l'enfant et de l'adolescent*[1] consacré à ce sujet, celui de « psychopathie », reflétant mieux la position historique de la psychiatrie infantile sur ce sujet.

Avec la violence et surtout la délinquance des « jeunes », on aborde un thème qui fait l'objet, depuis quelques années, de débats de société : les pouvoirs politiques se questionnent, interpellés par les citoyens, eux-mêmes largement relayés par les médias. On tend cependant, dans ce débat politique, à ne pas prendre en compte les conditions d'apparition ou de déploiement de phénomènes que l'on présente comme radicalement nouveaux, et auxquels on attribue souvent des causes simplistes. On amalgame en outre des manifestations générales de violence touchant à toutes les classes d'âge et s'exprimant dans des domaines fort différents (violence des banlieues, prises d'otages, attentats, pédophilie, mauvais traitements sur enfants,

1. S. Lebovici, R. Diatkine, M. Soulé, *Nouveau Traité de psychiatrie de l'enfant et de l'adolescent*, Paris, Puf, t. II, 1995.

viols, criminalité). Nous rappellerons quelques chiffres concernant les manifestations de la délinquance des mineurs, en les situant dans le contexte social actuel, qui leur apporte un certain éclairage. Puis nous aborderons la question d'un point de vue psychologique, qui situe violence et délinquance dans le contexte spécifique du processus d'adolescence et permet de mieux comprendre la diversité actuelle de manifestations d'une violence qui ne se cantonne pas au domaine social, mais se retourne bien souvent contre le sujet lui-même.

Dans une publication qui fait le point sur l'évolution de la délinquance des mineurs, L. Mucchielli souligne la difficulté à mesurer celle-ci et met en évidence le fait que les alarmes régulières concernant l'augmentation et l'aggravation de ce phénomène sont souvent dénuées de fondement[1]. En effet, si le nombre de mineurs mis en cause entre 1970 et 2010 a augmenté, c'est aussi le cas pour les majeurs ; la part des mineurs dans l'ensemble est passée seulement de 14 % à 18 % au cours de cette période. La hausse en nombre résulte de l'accroissement global des personnes renvoyées devant la justice. En outre, la comparaison de l'évolution du type d'infraction, de 1984 à 2011, le conduit à moduler le constat des statistiques de police soulignant la forte augmentation des actes à caractère violent : il s'agit le plus souvent de faits de faible gravité, à l'exception des viols, principalement de mineurs sur mineurs – en revanche en forte augmentation[2]. Le postulat du rajeunissement de la délinquance est infirmé par l'étude des chiffres.

Cette délinquance, essentiellement de « voie publique », concerne jusqu'à 90 % les garçons.

---

1. L. Mucchielli, *La Délinquance des jeunes*, Paris, La Documentation Française, 2014, p. 47.
2. *Ibid.*, p. 51.

Les médias, friands de titres alarmistes, contribuent le plus souvent à privilégier une explication déculpabilisante pour la société, par la mise en cause d'une catégorie de population servant de bouc émissaire. Comme le souligne l'historien R. Muchembled, « ignorant délibérément la responsabilité très fréquente des citoyens ordinaires de toute origine dans la délinquance, les médias se focalisent en effet sur deux catégories particulièrement désignées par les comptes du crime : les 16-25 ans et les immigrés. La combinaison des deux donne à une figure réelle, le jeune immigré délinquant, la dimension d'un mythe explicatif de la dégradation sociale[1] ».

Des réflexions sont menées sur ce sujet par des sociologues, juristes, éducateurs, psychanalystes[2] et psychiatres. Les causes trouvées à ce phénomène participent en effet de plusieurs ordres de facteurs – et les remèdes proposés, de ce fait, ne peuvent s'inscrire dans un seul champ d'intervention.

Avant d'aborder ces différents aspects, rappelons tout d'abord que les manifestations les plus extériorisées de la délinquance juvénile ne sont pas apparues avec le XXe siècle, pas plus que la propension des pouvoirs publics à se tourner vers les parents pour les en rendre responsables. Dans un ouvrage portant sur l'histoire de la violence, R. Muchembled montre qu'à toutes les époques les « jeunes » ont constitué la classe d'âge la plus turbulente et la plus violente[3].

---

1. In C. Samet (dir.), *Violence et délinquance des jeunes*, Paris, La Documentation française, 2001, p. 21.
2. On consultera l'ouvrage de F. Marty, *Le Jeune Délinquant*, Paris, Payot, 2002.
3. R. Muchembled, *Une histoire de la violence. De la fin du Moyen Âge à nos jours*, Paris, Seuil, 2012.

(B) *Perspective sociologique.* – Du point de vue sociologique, deux ordres de causes sont avancées : pour certains l'effondrement moral et la « démission parentale » sont au cœur du problème. Ce point de vue est parfois complété par une focalisation sur la dévalorisation du rôle des pères, dans une société où le nombre des naissances hors mariage et des divorces s'est accru et où les avancées féministes auraient contribué à affaiblir la position des pères. De l'idée de « démission parentale » découlent des propositions de lois répressives, telle celle d'une sanction pénale à l'égard de parents de mineurs ne respectant pas l'interdiction du tribunal de circuler la nuit[1]. En découlent aussi des mesures incitatives, présentées en 2001 par la ministre déléguée à la Famille et à l'Enfance, et « destinées à mettre l'autorité [des parents] en pratique ». D'ordre symbolique, ces mesures consistent dans le rappel, au moment du mariage, ou de la reconnaissance de l'enfant, des articles du Code civil concernant l'autorité parentale et la filiation. Elles ont abouti à une proposition de loi, adoptée le 14 juin 2001, qui vise à « revaloriser le rôle des pères » par un renforcement de la coparentalité : autorité parentale partagée dans tous les cas (mariage, concubinage, divorce), possibilité de mise en place d'une garde alternée ; obligation pour les deux parents de contribuer à l'entretien et l'éducation de l'enfant, cela ne cessant pas avec la majorité. Ces aspects ont été renforcés par des mesures pratiques : création en 2004 d'un livret de paternité ; envoi aux deux parents de tous les documents scolaires en cas de séparation parentale. L'aspect symbolique de ces

1. Loi n° 2011-267 du 14 mars 2011. Ce point a été refusé par le Conseil constitutionnel en vertu du principe que nul n'est responsable pour autrui.

mesures ne peut cependant suffire, en matière de violence, à compenser une situation sociale marquée par le chômage et l'exclusion d'une grande partie de la population.

C'est cet aspect socio-économique qui est mis en avant par un autre courant de travaux cherchant à comprendre les sources de la violence et de la délinquance des adolescents. Ce courant, selon H. Lagrange, « fait de la délinquance le résultat du conflit entre le déficit des ressources matérielles et culturelles dont disposent les enfants des quartiers de relégation et l'élévation des exigences qu'impose l'insertion dans une société complexe en période de chômage, spécifiquement aux jeunes issus de l'immigration[1] ». On en trouvera l'illustration dans les documents rassemblés et publiés sous la direction de D. Salas (1998), L. Mucchielli (2001 ; 2014) et dans celui qu'a constitué C. Samet (2001). Ils décrivent l'émergence dans toute l'Europe, depuis les années 1980, d'une nouvelle délinquance, qui diverge des deux formes antérieurement connues : la violence liée à l'adolescence initiatique, transitoire, à la limite de la légalité, et la délinquance pathologique, nécessitant le recours à la psychologie, voire la psychiatrie. Cette nouvelle forme, que D. Salas appelle « délinquance d'exclusion », se met en place sur un fond de précarité chronique qui touche certains quartiers ou banlieues de manière prévalente. Elle fonctionne de manière collective plus qu'individuelle, sans être contenue comme auparavant par la famille et les références culturelles : elle tourne à vide, et est le fait d'adolescents désabusés par un système qui leur fournit des espoirs sans leur permettre de les réaliser. Elle s'inscrit dans

1. H. Lagrange, in D. Salas, « La délinquance des mineurs », *op. cit.*, p. 12.

un contexte de « transmission transgénérationnelle du chômage [dans lequel] la famille ne produit rien d'autre que de la vulnérabilité ». Les parents, aux prises avec des difficultés financières, ne peuvent plus proposer leur trajectoire comme modèle. Ils ne peuvent non plus aider leurs enfants à faire face aux exigences scolaires dans un système où, malgré la démocratisation de l'enseignement, on voit s'installer très tôt le jeu de la sélection avec une valorisation implicite de la compétition. Elle est liée avant tout à un échec scolaire précoce et massif dans ces quartiers[1].

On retrouve ici des données fournies par une enquête de M. Choquet et S. Ledoux : les jeunes ayant des comportements violents sont très nombreux aujourd'hui (près d'un sur cinq) et sont plus en difficulté scolaire et sociale (étrangers ou d'origine étrangère, milieu défavorisé) que les autres ; s'associent au contexte de violence une certaine oisiveté et une insatisfaction scolaire et familiale[2].

Mais la violence est, aussi, souvent subie par les adolescents : la même enquête rend compte du fait qu'un élève sur cinq a subi des violences, un sur seize a tenté de se suicider. Les auteurs relèvent d'ailleurs une liaison importante entre violence subie, conduites violentes et passage à l'acte suicidaire.

(C) *Évolution législative.* – L'attitude des institutions politiques d'un pays face à la délinquance juvénile est reflétée par la législation concernant les mineurs. L'évolution française actuelle va dans le sens d'une

1. M. Mohammed, *La Formation des bandes. Entre la famille, l'école et la rue*, Paris, Puf, 2011.
2. M. Choquet, S. Ledoux, *Attentes et comportements des adolescents*, Paris, INSERM, 1998, p. 117.

accentuation de la répression, sens déjà suivi par la Grande-Bretagne, à l'imitation du modèle américain.

En France, les lois récentes reviennent sur une orientation donnant, depuis l'ordonnance du 2 février 1945, la prééminence à une visée résolument éducative par rapport à la visée punitive. Cette ordonnance succédait à des textes de loi créant une justice spécialisée pour les mineurs, avec un tribunal pour enfants et adolescents, puis un magistrat spécialisé, le juge des enfants. Elle reprenait et élargissait la gamme des mesures éducatives prévues dans la loi de 1912. Elle aboutissait ainsi à l'élaboration de nouvelles méthodes de rééducation destinées à son application, à la mise en place d'institutions diverses relevant de l'éducation surveillée, et à la création de la fonction d'éducateur[1]. La loi d'orientation et de programmation pour la justice n° 2002-1138 du 9 septembre 2002 marque un durcissement sensible de la réponse pénale à la délinquance des mineurs : elle institue la création de « centres éducatifs fermés » pour les mineurs âgés de 13 à 18 ans, qui font l'objet d'un contrôle judiciaire ou d'un sursis avec mise à l'épreuve. Elle assouplit les conditions de retenue judiciaire des 10-13 ans, instaure à leur endroit des « sanctions éducatives ». Elle autorise le placement sous contrôle judiciaire et en détention provisoire des mineurs de 13-16 ans, et le « jugement à délai rapproché » pour les multirécidivistes. Elle prévoit également la création d'une nouvelle catégorie d'intervenants auprès des mineurs : les « juges de proximité », juges non professionnels travaillant à temps partiel[2].

1. H. Michard (1985), in D. Salas, « La délinquance des mineurs », *op. cit.*, p. 25-31.
2. Voir le dossier « Politiques publiques, jeunes et justice » sur le site www.viepublique.fr. Les textes de loi eux-mêmes sont consultables sur le site www.legifrance.gouv.fr.

Ces différentes mesures ont fait l'objet de critiques de la part de la défenseure des enfants et de la Commission nationale consultative des droits de l'homme (CNCDH), dès la présentation de l'avant-projet de loi. L'une et l'autre mettent en garde l'Assemblée nationale contre le risque de confier des compétences pénales étendues à des juges de proximité, non spécialistes, au détriment du juge des enfants. Ils sont également d'accord pour affirmer que l'avancement d'âge de la détention provisoire et la procédure de jugement à délai rapproché « sont de nature à aggraver la tendance actuelle à l'incarcération des mineurs [...] alors que, selon l'article 37 de la Convention internationale des droits de l'enfant, l'emprisonnement d'un mineur doit n'être "qu'une mesure de dernier ressort et d'une durée aussi brève que possible"[1] », selon les termes de la CNCDH.

L'exemple des États-Unis montre en outre les limites d'un durcissement des mesures pénales : selon certaines enquêtes, la situation n'y connaît pas d'amélioration malgré l'adoption de mesures coercitives[2]. En France, de nombreuses recommandations soulignent la nécessité d'élargir la réflexion aux données socio-économiques qui engendrent certains comportements, et de repenser les modalités d'application des sanctions : si celles-ci sont reconnues comme nécessaires, elles exigent, avec les adolescents, un suivi pédagogique et psychologique, qui, pour l'instant, demeure insuffisant, faute de moyens.

2. **Point de vue psychologique sur la violence.** – C'est à partir des apports de la théorie psychanalytique que

1. *Observations de la CNCDH sur l'avant-projet de loi d'orientation et de programmation de la justice*, 15 juillet 2002, p. 3.
2. A. Fuentes, « The crackdown on kids », *The Nation*, New York, 15-22 juin 1998, p. 20-21, extraits in D. Salas, « La délinquance des mineurs », *op. cit.*, p. 58-62.

l'on a abordée, dès les années 1920, avec en particulier les travaux de A. Aichhorn[1], la compréhension des adolescents violents et délinquants, afin de trouver des aménagements thérapeutiques pour leur venir en aide. Les avancées théoriques sur ce point doivent beaucoup aux travaux des psychanalystes d'adolescents.

Sans mettre en doute la part d'influence des données socio-économiques sur son apparition, la psychanalyse inscrit la violence dans une perspective plus large et la resitue dans le cadre de l'adolescence, qui la voit surgir le plus généralement. De même, pour la plupart des psychanalystes d'adolescents, les causes attribuées à son déferlement dans le registre social sont aussi celles où trouvent leur origine les violences diverses que les adolescents retournent de plus en plus contre eux-mêmes. On trouvera donc, avec les perspectives présentées ici, certains éléments expliquant les passages à l'acte délictueux mais aussi les comportements psychopathologiques rangés dans les « troubles de l'agir » et impliquant, sur divers modes, le corps : suicides, comportement à risque, troubles des conduites alimentaires, automutilations, toxicomanie. Ces propositions interprétatives, qui n'excluent pas des interprétations plus spécifiques pour chacune de ces catégories de troubles, s'inscrivent selon trois axes qui s'articulent entre eux :

- le processus d'adolescence, et sa nécessaire élaboration psychique, est au cœur de ce qui se joue en termes de manifestations agies comme en termes psychopathologiques : dans les deux cas, il s'agit de faire la part du normal et du pathologique ;

1. A. Aichhorn (1925), *Jeunesse à l'abandon*, Toulouse, Privat, 1973. F. Houssier, F. Marty (dir.), *August Aichhorn. Cliniques de la délinquance*, Paris, Champ Social, 2007.

– l'impact de ce processus révèle les fragilités psychiques antérieures et met en évidence, dans ces fragilités, les vicissitudes des premiers liens, le rôle des relations établies avec l'entourage ;
– ces relations sont elles-mêmes ancrées sur un soubassement plus large : celui de la société avec ses normes, ses idéaux, qui évoluent en fonction de données d'ordre économique, moral, politique, culturel… Par certains aspects, cette évolution influe sur l'organisation intrapsychique familiale et sur les modalités individuelles de gestion et d'expression des conflits intrapsychiques.

(A) *Processus d'adolescence et violence.* – F. Marty, dans l'introduction à *L'Illégitime Violence*, explique que, si la violence agie de type délinquantiel existe à l'adolescence, elle ne représente qu'un aspect de la question. Elle ne constitue qu'une face de la violence interne liée à l'apparition de la puberté. « En ce sens, la violence manifeste serait le manifeste d'une autre violence[1]. » Il faut, pour la comprendre, se référer au processus pubertaire qui impose au jeune adolescent des changements qu'il subit, qui le font se sentir passif avec l'impression d'être « agi » par les transformations somatiques et psychiques. La puberté a un impact traumatique et, comme tout traumatisme, elle peut mettre en défaut, de manière temporaire pour certains, sur un mode plus permanent pour d'autres, le jeu de la pensée. Or les conflits psychiques doivent trouver une voie d'expression, que ce soit au moyen de l'opposition manifeste avec les proches, de la « crise » d'adolescence, par le jeu de rêveries éveillées, ou par

1. F. Marty, *L'Illégitime Violence. La violence et son dépassement à l'adolescence, op. cit.*

le recours à la sublimation qui en permet le déplacement. En effet, ce qui ne peut être pensé agit sur le sujet de manière pernicieuse : rejeté hors du champ psychique, il constitue le ferment de la violence agie sous toutes les formes déjà évoquées, et même d'une autre forme de violence, qui produit des effets sur le corps par la voie psychosomatique. On en trouve une illustration dans le roman autobiographique de Fritz Zorn, *Mars*. L'auteur y décrit une jeunesse au cours de laquelle il s'agit de préserver, en famille et en société, une harmonie factice : l'éducation a pour but de nier le fait que le monde n'est pas parfait. Cet « ajournement de la vie » qui vise au rejet du désir, au désaveu de tout sentiment dont, bien entendu, la haine, contribue, selon l'auteur, au déclenchement du cancer qui le détruit.

(B) *Avant l'adolescence.* – L'impact violent du processus pubertaire retentit différemment selon les modalités de l'organisation psychique, mise en place dès la petite enfance et remaniée par le travail de la latence. Pour É. Kestemberg, « l'adolescence est un moment de réorganisation psychique qui est induit à plus ou moins long terme – bien sûr – par tout ce qui l'a préparé, c'est-à-dire par toute la sexualité infantile et les modes d'investissements complexes qui ont lieu durant l'enfance, mais aussi par la période de latence[1] ».

Les effets du processus d'adolescence s'éclairent donc par ce qui s'est joué antérieurement. Au sein de la théorie psychanalytique, l'accent se déplace selon les auteurs sur tel ou tel point du passé et de son impact : c'est le cas pour le rôle joué par l'environnement dans

---

1. É. Kestemberg, « Notule sur la crise de l'adolescence. De la déception à la conquête », *op. cit.*

la genèse de certains troubles, et en particulier dans les troubles de l'agir. Ces derniers remettent en jeu une question récurrente qui, depuis la controverse entre Freud et Ferenczi, sous-tend les débats sur l'origine du traumatisme : celle du poids de la réalité extérieure, par rapport à la réalité psychique, dans l'organisation de certains troubles. Les données épidémiologiques, confirmées par les études menées par Bowlby sur les frustrations précoces, suggèrent l'existence d'un lien entre ce qui se joue dans la première enfance et la pathologie de l'adolescence, en particulier les troubles du comportement.

On trouve souvent en effet, dans l'histoire précoce des adolescents présentant des conduites violentes ou des troubles du comportement, des ruptures relationnelles multiples, des carences affectives, dont on a interprété diversement l'impact. L'accent est mis le plus souvent sur les défaillances du narcissisme ainsi occasionnées, et que le processus d'adolescence, fragilisant encore les assises narcissiques, contribue à déstabiliser gravement.

Reste qu'il faut prendre garde de ne pas glisser vers une recherche de causalité déplacée sur l'extérieur (parents, société, tiers), qui risque d'escamoter l'essentiel : le fonctionnement psychique de chaque individu. C'est le sujet lui-même qu'il convient d'appréhender, dans les modalités de l'organisation psychique qu'il a pu façonner, face à certains événements de vie qui ont résonné pour lui de manière particulière et qui n'auraient pas eu le même impact sur un autre que lui. C. Chabert rappelle dans l'introduction à son ouvrage *La Jeune Fille et le Psychanalyste* comment « le mouvement qui se déploie dans le cours du traitement montre de quelles manières le patient est susceptible de s'approprier l'ensemble de ces événements dans la construction d'autres versions de son histoire, et d'en devenir l'auteur[1] ».

(a) Narcissisme et problématique de dépendance. K. Abraham est le premier à avoir publié en 1925 le cas d'analyse d'un patient psychopathe[2], rencontré à l'âge adulte. À ses yeux, le défaut d'élaboration de l'Œdipe, chez ce patient, résulte du manque d'amour maternel, redoublé par la défaillance paternelle. Abraham souligne en effet qu'il faut, pour renoncer aux positions œdipiennes et maîtriser l'ambivalence à l'égard des parents, pouvoir trouver dans la relation à ceux-ci une certaine dose de satisfactions (il faut « qu'une certaine mesure, limitée, de plaisir lui [soit] accordée »). Faute de quoi, l'équilibre repose sur un narcissisme particulièrement fragile. Chercher à faire reconnaître aux autres, grâce à l'imposture, qu'il coïncide avec son idéal grandiose, conséquence de cette fragilité narcissique, devient dans le cas de ce patient la seule manière d'obtenir des satisfactions.

Dans la perspective proposée par Ph. Jeammet[3] pour comprendre un certain nombre de troubles, l'adolescence révèle les failles de la première enfance existant chez certains sujets : failles dans la constitution du soi et de l'auto-érotisme, failles du processus de séparation-individuation, et de l'intériorisation.

L'adolescence conflictualise en effet les deux courants qui, depuis l'enfance, participent à la construction de la personnalité : celui du narcissisme et celui des relations objectales. Le premier participe à la différenciation

---

1. C. Chabert, *La Jeune Fille et le Psychanalyste*, Paris, Dunod, 2015.
2. K. Abraham (1925), « Histoire d'un chevalier d'industrie à la lumière de la psychanalyse », in *Œuvres complètes II*, Paris, Payot, 1966.
3. Ph. Jeammet, « Les destins de l'auto-érotisme à l'adolescence », in A.-M. Alléon, O. Morvan, S. Lebovici, *Devenir « adulte » ?*, Paris, Puf, 1990, p. 52-79.

entre soi et autrui, à la construction identitaire, à l'autonomisation et à la subjectivation. Le second utilise les interactions avec l'environnement pour œuvrer à l'intériorisation, à partir de la constitution des objets internes, et des identifications. Les deux courants évoluent en s'appuyant l'un sur l'autre, dès les premiers temps de la vie : la qualité de la relation à l'objet, dès la naissance, retentit sur celle du fonctionnement auto-érotique. Le plaisir pris dans les échanges mère-enfant permet la constitution d'un auto-érotisme de base qui donne peu à peu à l'enfant une capacité d'autonomisation à l'égard de l'excitation interne comme des sollicitations de l'environnement, et soutient l'instauration des identifications servant de support à des instances psychiques bien différenciées. Ce mouvement s'appuie sur la possibilité offerte à l'enfant, dans ces échanges, de ne pas ressentir trop tôt et trop massivement la différence entre lui-même et l'autre, ce qui lui permet de s'appuyer sur l'objet sans se sentir dépendant de lui.

À l'inverse, les défaillances dans les premières relations mettent en évidence cette différence, et jouent comme des empiétements de l'autre dans le monde interne de l'enfant. Elles entravent l'autonomisation et la différenciation des instances psychiques, et entraînent une dépendance aux objets externes : l'enfant a besoin, pour se calmer comme pour se satisfaire, de la présence réelle de l'autre. La capacité à être seul – à jouer seul, en présence de l'autre –, source du plaisir à fonctionner, manque à se constituer.

Cette dépendance, masquée par le statut de l'enfant, passe souvent inaperçue jusqu'à l'adolescence : celle-ci agit comme révélateur de cette problématique en resexualisant les liens et en imposant une prise de distance parfois abrupte qui met en évidence la difficulté à se séparer. Tout adolescent, en effet, doit, pour trouver son autonomie, affirmer son identité, déplacer ses investissements vers de nouveaux attachements, se séparer de ses premiers objets d'amour, les parents. Or il s'est construit à partir d'identifications à ses parents et le mouvement de rejet impliqué par le relâchement nécessaire des liens œdipiens constitue en quelque sorte une attaque de lui-même. C'est une situation intérieure conflictuelle, source de difficultés qui demandent une mobilisation psychique importante pour être dépassées. Certains adolescents y trouvent la source d'une créativité qui les soutient en retour dans cette tâche, ou s'appuient sur des relations nouvelles afin de s'en dégager. Mais, pour d'autres, ce conflit entre pôle narcissique et pôle objectal est indépassable, impensable, du fait de la dépendance à l'autre qu'il réveille et qu'ils n'ont pas les moyens psychiques d'élaborer.

La violence apparaît donc comme une réponse à une menace pesant sur le moi, menace d'effraction ou de désorganisation. Cette menace peut venir du monde interne ou du dehors mais, le plus souvent, résulte de la collusion qui s'opère entre les deux : la pulsion introduit l'objet au sein du moi, induit l'angoisse d'une collusion entre soi et l'autre, éveille une destructivité menaçant l'objet et par conséquent le moi, dépendant de l'objet. La violence surgit face à ce qui est vécu par le sujet comme une menace sur son identité et à ce qui peut être vécu comme blessure narcissique.

Ph. Jeammet met ainsi en relation le surgissement de la violence à l'adolescence avec l'angoisse suscitée par tout rapproché de la part de l'autre. Ce rapproché, difficile pour tout adolescent du fait de la réactualisation de la problématique œdipienne, comporte pour certains une menace d'empiétement, de confusion entre soi et l'objet qui met à mal les processus psychiques et les pousse à l'agir.

(b) La violence fondamentale. – J. Bergeret interprète autrement les manifestations de la violence à l'adolescence. Dans sa perspective, la violence est présente chez tous dès la naissance, et de surcroît l'enfant naît chez des parents chez qui la violence est aussi présente. Il différencie la violence de la haine et de l'agressivité : celles-ci visent un objet, alors que la violence est plus primitive, plus archaïque. C'est en s'intégrant éventuellement à l'amour qu'elle peut donner naissance à la haine et à l'agressivité. Elle se différencie aussi, à ses yeux, de la pulsion de mort : il la situe du côté des pulsions de vie, la rangeant dans le registre de l'instinct.

Selon lui, les premiers éléments imaginaires qui participent à l'interaction avec l'entourage sont d'ordre violent, et non libidinal. Il se différencie en cela de Freud, et s'appuie à cet effet sur une interprétation du mythe d'Œdipe qui privilégie la violence par rapport à l'inceste : à l'origine du mythe, rappelle-t-il, il y a la mort d'Œdipe décidée par ses parents de crainte de voir s'accomplir l'oracle prévoyant inceste et parricide.

De son point de vue, les messages envoyés sommairement par l'enfant à l'imaginaire parental réactivent les traces des modèles violents anciens chez les parents. Selon la façon dont ceux-ci ont pu négocier leurs instincts violents primitifs, les messages affectifs qu'ils adressent en retour à l'enfant seront rassurants, apaisants, s'ils ont pu intégrer leur violence au service d'activités mentales libidinales ou créatrices – ou, au contraire, excitants. Si l'entourage inhibe ou réprime les issues normales à la violence affective, l'enfant est angoissé par ce qu'il ressent en lui et ne parvient pas à l'utiliser de manière constructive. S'il l'excite par des comportements agressifs, l'enfant se sent envahi par sa violence naturelle et l'extériorise dans des comportements agressifs.

3. **La psychopathologie à l'épreuve de l'évolution sociale.** – Les conséquences de l'évolution sociale sur l'infléchissement des troubles vers les traductions actuelles ne sont pas niées par les psychanalystes d'adolescents : les réflexions de Ph. Jeammet (1985) et de R. Cahn (1998) en rendent compte. Quelques axes de compréhension sont dégagés : mise en cause accrue du narcissisme, fragilisation des repères, des barrières et des interdits, intensification de la dépendance.

Les modifications de la société vont dans le sens d'une centration accrue sur l'axe du narcissisme au détriment des relations articulées autour de la configuration œdipienne (père, mère et enfant dans des rôles bien différenciés, marqués par des règles et des interdits régulant les désirs et l'agressivité au sein de cette configuration triangulaire), ce qui accentue, chez l'adolescent, l'investissement de la fonction d'idéal au détriment des fonctions interdictrices et, de ce fait, protectrices, du surmoi. La société propose des valeurs liées à la réussite individuelle, à l'épanouissement (liberté sexuelle, affranchissement des contraintes) plus qu'à la réalisation de devoirs. Elle pose comme priorité l'accomplissement – essentiellement matériel – de la personne. Mais ces valeurs impliquent des normes, d'autant plus pernicieuses qu'elles sont implicites, qui portent aussi bien sur le physique que sur la réussite sociale et économique. En France, tout particulièrement, les parcours proposés aux enfants dès l'entrée dans les études sont marqués par une grande exigence : l'incitation à suivre, pour tous, une scolarité sans faille, visant une terminale scientifique afin de permettre la poursuite d'études supérieures de haut niveau, en est un exemple. Les formations techniques – contrairement à ce qui se fait dans certains pays – sont discréditées ; le système des grandes écoles, propre à la France, impose un modèle d'excellence où il s'agit de faire ses preuves très tôt et une fois pour toutes[1]. Avec ce modèle de réussite élitiste coexiste celui, proposé par certains médias, qui propulse au rang de célébrité temporaire les participants à des jeux télévisés. Plus que jamais les parents attendent de leurs adolescents qu'ils réalisent les projets qu'eux-mêmes n'ont pu accomplir, sans avoir toujours les moyens de les y aider : il ne s'agit plus dès lors, comme par le passé, de s'inscrire dans les pas des générations précédentes, mais de les dépasser. La recherche actuelle, par de nombreux parents, de la confirmation du sur-don de leur enfant relève de ce mouvement général. Ces projets narcissiques laissent l'adolescent dans la solitude, souvent sans repères et sans cadre face à l'angoisse de ne pas être à la hauteur des attentes projetées sur lui. L'échec retentit sur l'estime de soi. À cette angoisse s'ajoute celle que les réalités du monde du travail imposent à tous.

La place attribuée à l'enfant dans la famille a changé pour des raisons multiples (contrôle des naissances et diminution du nombre d'enfants, qui accentuent le statut d'enfant désiré). Le refus par les parents actuels d'une position d'autorité qu'ils ont contestée durant leur jeunesse, l'importance à présent connue de tous de la qualité des relations parents-enfants dans l'évolution psychologique des enfants, l'implication nouvelle des pères dans les soins donnés aux tout-petits contribuent à l'établissement de liens marqués par la complicité, la proximité. Cette complicité, assortie d'une qualité d'échanges toute nouvelle, favorise l'ouverture d'esprit, l'accès à la culture, contribue au sentiment

1. E. N. Suleiman, « Parallèle France-États-Unis », in C.-M. François-Poncet et A. Braconnier, *Classes préparatoires. Des étudiants pas comme les autres*, Paris, Bayard, 1998.

d'estime de soi, dans la mesure où elle reste encadrée par la conscience de la différence des générations. Mais les difficultés qu'éprouvent souvent les parents, aujourd'hui, à accepter le statut d'adulte et le vieillissement qu'il implique, leur refus de donner des limites à leurs adolescents, par crainte du conflit et par désir d'être avant tout aimés d'eux, aboutissent bien souvent à un effacement de ces barrières, à un effritement de la fonction d'autorité parentale. La complicité mal comprise se traduit pour certains par un partage qui met l'enfant et l'adolescent au cœur de l'intimité affective – voire sexuelle – des parents, et un renversement s'opère, qui donne à l'enfant une place de soutien de ses parents. Cette évolution va dans le sens d'une difficulté d'expression et de gestion des conflits : les parents, prenant leurs propres parents comme antimodèles, « s'interdisent d'interdire » selon le slogan en vogue en Mai 68, et tendent plutôt à se poser en victimes sacrifiées au bonheur de l'enfant, attendant de celui-ci en retour amour et réussite. Ce programme écrase chez l'adolescent la possible expression de manifestations agressives destinées à lui permettre de prendre de la distance, s'autonomiser, se différencier en s'opposant.

Cette analyse permet de mieux comprendre l'amplification, dans la psychopathologie adolescente, de manifestations qui court-circuitent l'expression psychique du conflit pour se traduire par le recours à l'acte. Mais si elle souligne comment l'évolution sociale favorise l'expression plus aiguë, actuellement, de problématiques de dépendance, elle ne permet pas pour autant d'affirmer qu'elle les crée structurellement – autrement dit, qu'elle a un effet de modification structurelle sur le fonctionnement psychique. Si les manifestations psychopathologiques ont changé, c'est peut-être que la société actuelle, comme le soulignent Ph. Jeammet et M. Corcos[1], favorise l'expression de modalités de fonctionnement qui existaient auparavant mais ne pouvaient se manifester aussi largement qu'aujourd'hui.

Quel est le point commun à ces troubles ? L'impact du processus d'adolescence en constitue le pivot, rappelé par tous les psychanalystes d'adolescents. Il s'agit ensuite, dans l'étude clinique individuelle, de différencier les manifestations durables des troubles temporaires.

II. – Adolescence et psychopathologie

Les troubles de l'adolescence nécessitent, pour être interprétés sans risque de simplification, d'être appréhendés dans la perspective diachronique, qui les situe dans la suite des étapes antérieures du développement, et dans l'optique synchronique qui souligne la nouveauté du processus d'adolescence, la rupture qu'il introduit dans la continuité avec l'enfance. Les troubles apparaissant au cours de cette période posent toujours au clinicien la question du normal et du pathologique. Il ne s'agit pas de banaliser ces manifestations sous l'argument de la « crise », qui devrait passer d'elle-même, ni de se laisser leurrer par l'éclat de certains gestes. C'est, selon F. Ladame et M. Perret-Catipovic, en admettant que « les manifestations et symptômes des sujets adolescents ont une signification non seulement différente de celle qui pourrait leur être donnée dans l'enfance ou à l'âge adulte, mais aussi spécifique par rapport au processus de développement[2] »,

1. Ph. Jeammet, M. Corcos, *Évolution des problématiques à l'adolescence. L'émergence de la dépendance et ses aménagements*, Paris, Doin, 2001, p. 8.
2. F. Ladame, M. Perret-Catipovic, « Le normal et le pathologique à l'adolescence », in M. Perret-Catipovic, F. Ladame, *Adolescence et psychanalyse. Une histoire*, chap. x, 1997.

que l'on évitera de tomber dans un excès ou dans l'autre. Si, jusqu'au milieu du XXe siècle, on a utilisé, en psychiatrie, le recours aux critères de la pathologie adulte pour évaluer les troubles de l'adolescent, les apports conjugués de la psychanalyse et de la psychologie ont contribué à une modification radicale de perspective, dont les effets sur l'évaluation et la prise en charge ont été essentiels. La démarche diagnostique de l'évaluation des troubles à l'adolescence doit ainsi comprendre trois dimensions complémentaires, en observant, selon B. Brusset[1] :

- la conduite symptomatique et sa logique spécifique, dans ses rapports avec le fonctionnement psychique actuel ;
- les rapports de celui-ci avec les tâches propres à l'adolescence ;
- la manière dont l'organisation psychique actuelle s'articule avec l'organisation antérieure, afin d'évaluer les effets du premier développement et des réaménagements de la période de latence, en prenant en compte l'incidence du travail d'après-coup et des remaniements des contenus infantiles propres au temps d'adolescence.

Cette évaluation est conduite par un spécialiste de l'adolescence, psychiatre ou psychanalyste. Ce dernier peut, en cas de doute, souhaiter l'éclairage complémentaire d'un bilan psychologique, mené par un psychologue. Il peut également juger utile de procéder à une observation menée au cours d'une hospitalisation temporaire. Celle-ci permet de conjuguer dans une

1. B. Brusset, « Psychopathologie de l'adolescent », in S. Lebovici, R. Diatkine, M. Soulé, *Nouveau Traité de psychiatrie de l'enfant et de l'adolescent*, *op. cit.*, 1995, p. 2181-2199.

synthèse finale les points de vue de plusieurs intervenants (psychiatres, psychologues, infirmiers, éducateurs) et de juger des effets d'une séparation d'avec les parents – dont la proximité attise parfois les manifestations des troubles.

1. Le normal et le pathologique à l'adolescence

(A) *L'évaluation du fonctionnement psychique.* – Le processus d'adolescence comporte, nous l'avons vu, une exigence de travail psychique qui apporte, à partir du tournant de la puberté, un changement radical dans l'ensemble du fonctionnement mental et de l'organisation de la personnalité. Il ne relève donc pas d'une simple étape, et son achoppement peut avoir des conséquences décisives. Considérant l'adolescence comme un processus évolutif en cours, il s'agit donc, lors de la rencontre avec un adolescent présentant des troubles ou mettant en avant une plainte, d'évaluer son fonctionnement psychique sur les axes essentiels de ce processus, afin d'en déterminer le degré de blocage et les capacités du sujet à lever ce dernier, pour s'organiser de manière durable. On sera également attentif au repérage des éléments positifs, auxquels participent les acquis apportés par les étapes antérieures.

Cette évaluation permet de considérer les manifestations symptomatiques actuelles dans l'économie psychique du sujet afin d'en évaluer la signification et le poids et d'en prévoir l'évolution. On ne peut en effet assimiler troubles et maladie – pas plus qu'absence de symptôme et santé – et au demeurant un même trouble peut avoir des significations et des destins différents.

Sur quels critères peut-on considérer que, malgré des turbulences, le processus d'adolescence suit un cours « normal » ? Si l'on se réfère à sa finalité, la tâche essentielle de l'adolescence consiste à atteindre un mode de relation d'objet défini par Freud comme relation de type génital : celle-ci, qui constitue la dernière étape de l'évolution psychosexuelle, doit être entendue non pas simplement comme capacité à avoir une relation sexuelle aboutissant à un orgasme, mais comme une relation qui pose l'objet comme *alter ego* et repose sur un échange entre deux sujets désirants.

Une telle relation demande, pour pouvoir se mettre en place, que le sentiment d'identité du sujet soit assuré et son organisation narcissique suffisante pour que la rencontre avec l'autre ne le mette pas en danger. Elle implique aussi d'avoir intégré les éléments issus du passé aux apports de toutes les rencontres nouvelles, et élaboré le processus de séparation, pour aboutir à un sentiment de soi remanié et agrandi, héritier de l'adolescence normale.

Pour Ladame et Perret-Catipovic (1997), l'évaluation portant sur le processus d'adolescence suit le fil rouge des aléas de l'investissement du corps sexué et cherche à déterminer le rapport établi par le jeune sujet, dans ce domaine, avec l'épreuve de réalité.

Sur le plan topique, il s'agit de repérer la fonctionnalité du préconscient, révélée par la présence d'une activité de rêverie – en sachant que cette fonctionnalité est parfois vacillante à l'adolescence, du fait du travail psychique mené sur le refoulement des souhaits œdipiens. La capacité de l'adolescent à supporter ces vacillements atteste l'efficacité du processus d'adolescence.

De même, la possibilité d'articuler les mouvements régressifs et les mouvements évolutifs doit être examinée, ainsi que la marge de tolérance à la frustration. L'intégration de la réalité sous ses différents aspects se poursuit au cours de cette période et implique l'acceptation de limites, génératrice de frustrations :

le refus de les supporter se traduit souvent par la mise hors jeu de la pensée et le recours à l'acte. Ladame et Perret-Catipovic soulignent, à ce propos, la différence à retenir entre « action », nécessaire puisqu'elle constitue le but de la pulsion et sert à l'expérimentation du corps dans ses acquis nouveaux, et « passage à l'acte », qui concerne les actes compulsifs impliquant les autres ou le sujet, tels que nous les avons abordés en évoquant la violence.

Enfin, l'attention doit porter sur la capacité à maintenir des liens entre libido et agressivité, de même qu'entre investissement narcissique et investissement objectal. Sur ces différents points, les apports spécifiques des épreuves projectives peuvent se révéler précieux[1]. Il s'agit en effet d'épreuves de personnalité qui, insérées dans un bilan psychologique et interprétées par un psychologue, apportent un éclairage d'une grande richesse sur le fonctionnement psychique.

(B) *Les réserves sur les catégories nosographiques à l'adolescence.* – L'évaluation au cours de la rencontre clinique vise à repérer les risques réels présentés par certains symptômes ou conduites. La référence à la psychopathologie se révèle ici nécessaire.

Or, se démarquant de la psychiatrie adulte, qui décrit des pathologies installées, les pédopsychiatres et psychanalystes d'adolescent se montrent très réservés dans l'utilisation de catégories nosographiques : la crainte de figer un processus encore évolutif, de prendre comme une pathologie fixée des troubles qui – même graves – peuvent se modifier au cours d'une prise en charge, expliquent cette position.

---

1. M. Emmanuelli, C. Azoulay, *Pratique des épreuves projectives à l'adolescence. Interprétation psychanalytique*, Paris, Dunod, 2008.

On peut, selon la perspective proposée par E. et M. Laufer, proposer une différenciation des troubles en trois catégories, axées sur une perspective développementale, qui évite les catégories nosographiques en les subsumant :

- les adolescents chez qui on observe un fonctionnement défensif affectant tout ou partie des domaines de la psyché, sans que le processus de développement soit compromis pour l'essentiel : on y retrouve des difficultés banales à cet âge, prenant des formes diverses (inhibition, troubles du comportement, anxiété, conduites masochistes, petite délinquance). La problématique œdipienne y prévaut, même si la dimension narcissique semble la plus apparente ;
- les adolescents présentant une impasse du développement : la voie de l'évolution comme celle de la régression semblent barrées et l'évolution ne se fait pas sans intervention thérapeutique ;
- les adolescents dont le développement se termine de manière anticipée, l'organisation pathologique étant déjà fixée : les configurations psychopathologiques sont pratiquement similaires à celles qui sont retrouvées chez l'adulte. Il s'agit de pathologies déjà anciennes, fixées prématurément, que le processus d'adolescence ne semble en rien modifier.

Une autre manière d'aborder la psychopathologie à l'adolescence consiste à se centrer sur des manifestations prévalentes en termes de conduites ou de symptômes, telles que les conduites agies (vol, tentatives de suicide, fugues), les troubles des conduites alimentaires, dans une approche qui cherche à comprendre leur soubassement psychique, en tenant compte de la diversité des organisations psychopathologiques susceptibles de les produire. De nombreux travaux sont menés dans cette perspective.

On peut aussi penser les troubles survenant à l'adolescence dans leur spécificité, au sein même d'entités psychopathologiques telles que névroses, psychoses, dépressions et troubles limites, en s'attachant à les décrire pour les différencier des manifestations repérées chez l'adulte : c'est cette approche qu'adoptent les nombreux travaux portant sur la psychose à l'adolescence. Cela n'exclut pas de considérer que le fonctionnement psychique peut présenter des aspects hétérogènes (mieux compris actuellement par une conception en termes d'organisation psychopathologique plutôt qu'en termes de structure) et de garder à l'esprit que les troubles psychiques de l'adolescent, du fait de leur dimension mouvante, sont susceptibles d'évolution. Les ouvrages portant sur la psychopathologie à l'adolescence adoptent un double niveau d'approche : celui des grandes entités morbides et celui de l'expression manifeste des troubles, proposant une réflexion sur leur compréhension.

L'abord des quatre principaux registres psychopathologiques – névroses, dépressions, psychoses et troubles limites – permettra de montrer la spécificité et les limites de ces entités pour l'adolescent.

2. **Les troubles névrotiques.** – Ce n'est pas ici le lieu de s'engager dans un débat concernant les différentes théories ou approches des maladies mentales. Rappelons seulement que, si la perspective psychanalytique s'appuie sur une conception du fonctionnement psychique qui permet de comprendre celui-ci dans ses variations du normal au pathologique, et donne aux symptômes un sens dans l'économie psychique, à partir des notions d'inconscient et de conflit, l'évolution de

la psychiatrie tend aujourd'hui vers des classifications dites « athéoriques ». Le DSM-IV (*Manuel diagnostique et statistique des troubles mentaux*) fait disparaître les entités nosographiques au profit de descriptions en termes de conduites et manifestations apparentes, objectivables : les névroses ont disparu dans ce démembrement.

Les névroses obsessionnelles se voient par exemple – implicitement, et sans référence à la névrose – remplacées dans cette perspective par les TOC, troubles obsessionnels compulsifs, entité dont la définition n'est liée qu'à la présence d'obsessions et compulsions qui entravent les activités du sujet. Sous cette appellation uniformisante se regroupent en fait des troubles différents, en particulier par les risques évolutifs qu'ils impliquent. Il s'agit, dans certains cas, de véritables névroses et, dans d'autres cas, de troubles relevant plutôt – ou franchement – du registre psychotique. Or, nous le verrons dans le chapitre suivant, la détermination du mode de fonctionnement psychique sous-jacent aux troubles présentés est essentielle pour la proposition thérapeutique.

Nous ne reviendrons pas ici sur le détail des trois grandes catégories de névroses qui sont au cœur de la théorie psychanalytique, laquelle s'est fondée, dans ses débuts, sur leur description et leur élucidation : névrose obsessionnelle, hystérie, hystérie d'angoisse ou névrose phobique. Seuls quelques points essentiels seront rappelés.

La névrose est le résultat d'un conflit qui se joue à l'intérieur du psychisme, entre les désirs coupables – désirs sexuels et agressifs liés au complexe d'Œdipe, mal résolu en son temps – et le surmoi, qui les interdit. Leur non-résolution s'accompagne d'une fixation à un stade du développement libidinal antérieur à la puberté.

Ces désirs, refoulés dans l'inconscient au cours de l'enfance, existent toujours : le refoulement ne fait que les cacher à la conscience mais ne les fait pas disparaître. La puberté, par la réactivation sexuelle qu'elle comporte, contribue à un retour des fantasmes refoulés ; elle donne un sens sexuel nouveau à des événements ou désirs du passé, à la lumière de la sexualité nouvelle. Le conflit resurgit et nécessite une nouvelle opération défensive : la névrose survient lorsque le refoulement est insuffisant. Le symptôme (conversion hystérique, phobie, obsessions) sert alors de compromis : il permet l'expression du conflit, tout en masquant son sens.

On voit ainsi combien les troubles névrotiques lient adolescence et sexualité : amorcés par des fixations de l'enfance, déployés parfois dans une véritable névrose à la fin de l'adolescence ou à l'âge adulte, c'est au cœur de la sexualité adolescente qu'ils se mettent en place.

Pour certains psychanalystes, comme Blos et Ladame, on ne peut parler de névrose avant la fin de l'adolescence. Les manifestations d'ordre névrotique au cours de cette période peuvent connaître différentes évolutions : il importe donc d'en étudier le poids, la fonction dans l'économie psychique, et de tenter d'en prévoir l'évolution.

(A) *Les troubles obsessionnels.* – Ainsi, lorsque l'on s'intéresse à la névrose à l'adolescence, c'est surtout dans un souci de diagnostic différentiel : les obsessions et les rituels, l'inhibition, les phobies, peuvent en effet appartenir à différents registres de troubles, qui pèsent de manière plus ou moins lourde sur le destin de l'adolescent. Au-delà des symptômes, on cherche par exemple à distinguer la névrose obsessionnelle, qui peut apparaître au cours de la période de latence ou à l'adolescence, de troubles susceptibles d'évoluer vers des dysharmonies, des dissociations, des effondrements psychotiques, afin de mieux cibler la proposition thérapeutique.

La tendance actuelle va dans le sens d'une banalisation des troubles névrotiques. Certains travaux[1] ont pourtant mis l'accent sur la dimension de « folie » de la névrose obsessionnelle symptomatique[2] à l'adolescence. Cette folie – pour utiliser le terme de A. Green, qui la différencie de la psychose – est marquée par l'excès de la libido sexuelle, par l'excitation incestueuse réveillée par la puberté et rendue insupportable à cause de la maturité nouvelle du corps. Cette excitation menace les limites entre le sujet et l'autre, mais sans les abolir. Les troubles sont parfois massifs, allant jusqu'à des moments de dépersonnalisation qui la font confondre avec la psychose. Mais les symptômes – ici très flamboyants et invalidants, du fait du débordement du système défensif et des capacités d'élaboration psychique – traduisent un conflit identificatoire et non la perte de l'unité du sujet, et l'autre, contrairement à ce qui se joue dans la psychose, reste très investi.

Les erreurs diagnostiques prennent parfois appui sur une minimisation actuelle de la gravité des troubles névrotiques, et sur la confusion entre des troubles qui traduisent le débordement ponctuel de la psyché face à l'excitation et d'autres relevant de manifestations de rupture avec la réalité. Face à la complexité de certaines manifestations symptomatiques, le recours au bilan psychologique peut permettre d'appréhender, au-delà

1. C. Chabert, « Logique des symptômes et névrose obsessionnelle », et Ph. Jeammet, « Éros et folie dans la névrose obsessionnelle », *Neuropsychiatrie de l'enfance et de l'adolescence*, n° 33, 1985, p. 11-12.
2. C'est-à-dire accompagnée de symptômes tels que tics, idées obsédantes, compulsions (nécessité d'accomplir des gestes conjuratoires dont la fonction défensive masque le contenu des idées refoulées).

d'une apparente perte de contact avec le réel, la problématique œdipienne centrale, la qualité du rapport au réel, les mécanismes de défense de type névrotique[1].

(B) *Les troubles hystériques.* – L'hystérie, première névrose à avoir été étudiée et traitée par Freud, a beaucoup évolué dans ses manifestations depuis l'époque où ce dernier assistait aux présentations de malades menées par Charcot à la Salpêtrière et où se donnaient à voir les grandes crises d'hystérie. Les premières patientes de Freud, dont plusieurs d'ailleurs étaient des adolescentes, présentaient des symptômes somatiques fluctuants, tels que paralysie, cécité, mutisme, perception d'odeurs inexistantes. Sous le terme de « conversion », Freud a décrit ces troubles « simulant » inconsciemment l'atteinte d'un organe, sans que celui-ci soit atteint. Il a mis en évidence l'origine psychique de ces troubles : le symptôme hystérique est sous-tendu par un conflit psychique et exprime symboliquement des représentations refoulées.

Les traductions actuelles des troubles hystériques sont fréquentes à l'adolescence, mais souvent méconnues : elles prennent la figure de « malaises », « crises de nerf » ou de conversions. Pour D. Marcelli et A. Braconnier (1995), ces manifestations, qui durent quelques jours à quelques semaines, et dont la fréquence dans la population d'adolescents hospitalisés se situe entre 2,5 à 10 % des cas, augmentent à la puberté. Elles sont souvent banalisées par les pédiatres, ou ne sont pas interprétées comme en lien avec des troubles hystériques.

Les troubles névrotiques de l'adolescence s'accompagnent parfois d'inhibition portant sur divers

1. M. Emmanuelli (dir.), *L'Examen psychologique en clinique. Situations, méthodes, études de cas*, Paris, Dunod, 2004.

domaines, dont la pensée. Sa manifestation tient dans ce cas à l'enjeu qu'implique, dans le fantasme œdipien, le risque de dépasser le parent rival. Toutefois, l'inhibition peut se retrouver, avec des sens et des fonctions différentes, dans toutes les formes psychopathologiques, et demande une investigation approfondie.

(C) *Les phobies.* – A. Birraux propose une lecture de la phobie qui en souligne les aspects positifs, et rappelle qu'elle fait partie de ce qui se joue à l'adolescence : « Il n'y a pas d'adolescence sans phobie ; pas de remaniement psychique pubertaire sans émergence de ces peurs obscures, qui se déploient sur l'environnement, se focalisent sur un objet particulier, se rabattent sur le corps ou une partie du corps ou la psyché pour en limiter, voire en paralyser l'usage et le fonctionnement[1]. » Elles prennent, chez l'adolescent « normal », des formes diverses qui s'expriment dans le refus de prendre le métro ou l'avion, de manger certains aliments, de se trouver dans des lieux ou situations spécifiques ; elles sont souvent accompagnées, voire précédées par le recours à des objets contraphobiques (objet fétiche, peluche, ami qui accompagne). La plupart du temps transitoires, elles peuvent parfois engager l'évolution ultérieure et ne vont pas toutes dans un registre névrotique.

3. **Les troubles dépressifs.** – À l'adolescence, la présence de mouvements dépressifs demande à être considérée avec soin afin de différencier l'élaboration normale de la problématique de séparation, qui justifie la présence de tristesse et de troubles discrets de l'humeur, d'un état pathologique. L'adolescence est, nous

1. A. Birraux, « La phobie, structure originaire de la pensée », in A. Fine, C. Le Guen, A. Oppenheimer, *Peurs et phobies*, Paris, Puf, 1997, p. 149.

l'avons vu, un moment qui met au premier plan un travail de renoncement à l'enfance et à l'exclusivité des attachements œdipiens. La coloration dépressive temporaire qui accompagne ce travail psychique ne s'inscrit pas pour autant dans un contexte pathologique dont l'adolescent ne peut sortir sans aide.

Mais les véritables états dépressifs en sont parfois banalisés, mal évalués. L'adolescent lui-même, souvent non conscient de ce qui se joue, ou blessé dans son estime par la reconnaissance de ce trouble, contribue d'ailleurs à cette banalisation. Les symptomatologies dépressives impliquent, en effet, une diminution de l'énergie d'investissement, des autres et de soi-même : cette diminution renvoie l'adolescent au sentiment d'impuissance de son enfance, et est vécue comme une défaillance personnelle.

Les données épidémiologiques, diversement interprétées selon les cliniciens, donnent lieu à trois positions :

- la dépression comme entité clairement définie est rare à l'adolescence ;
- elle se manifeste surtout par des équivalents dont l'évocation varie selon les auteurs et dont la liste est fort variée (troubles du comportement, fatigue, ennui, agressivité, troubles des conduites alimentaires, toxicomanie) ;
- la dépression est plus fréquente qu'on ne le dit[1].

Pour Marcelli et Braconnier, une évaluation attentive révèle la présence de troubles dépressifs dans 39,8 % des cas de consultations d'adolescents ; l'évaluation menée selon les critères du DSM-III R minore ce résultat.

---

1. D. Marcelli, A. Braconnier, *Adolescence et psychopathologie*, Paris, Masson, 2004 (6e éd.).

Dans un ouvrage consacré à la dépression à l'adolescence, D. Arnoux[1] différencie plusieurs formes de ces troubles, d'allure, d'intensité et de gravité variables : la dépressivité, la crise anxio-dépressive, les différentes formes de dépressions (dépression caractérisée, psychoses, états dysthymiques) et les dépressions masquées (anorexie, boulimie, inhibitions, phobies scolaires, comportement). Il évoque aussi un des risques de ce trouble de l'humeur, l'acte suicidaire.

Compte tenu de la fréquence des masques pris par la dépression à cet âge, le syndrome dépressif, plus ou moins apparent, doit être cherché devant tout problème psychopathologique à l'adolescence. Il repose sur quatre signes :

- le ralentissement psychomoteur ;
- le manque d'appétit et les troubles du sommeil ;
- la tristesse et le désintérêt, qui ne s'accompagnent pas nécessairement de dépression ;
- l'autodévalorisation, qui n'est pas toujours présente.

Ce syndrome dépressif constitue une forme de souffrance mentale et condense des facteurs biologiques et psychologiques.

Il faut rappeler au demeurant le lien souligné dans les études épidémiologiques entre dépression et risque suicidaire. Or ces données placent le suicide comme seconde cause de décès à l'adolescence (16 % de décès parmi les jeunes de 15 à 24 ans), après l'accident de circulation, qui concerne 38 % des décès[2].

---

1. D. Arnoux, *La Dépression à l'adolescence*, Paris, In Press, 1999.
2. M. Choquet, « Panorama du suicide », in A. Braconnier, C. Chiland, M. Choquet, *Idées de vie, idées de mort*, Paris, Masson, 2004, p. 72.

L'évolution de ce syndrome varie en fonction des formes psychopathologiques dans lesquelles il s'inscrit, et du traitement proposé. Les modalités de ce dernier méritent d'être pesées avec soin au cours d'une évaluation menée par des praticiens avertis : il faut en effet savoir user, si nécessaire, d'un traitement chimiothérapique, tout en prévoyant une approche psychothérapique pour permettre d'élaborer le conflit sous-jacent aux troubles.

4. **Les psychoses.** – Les troubles psychotiques peuvent apparaître dès l'enfance, sous la forme de psychoses infantiles, mais c'est l'adolescence qui en constitue le moment prévalent et crucial d'apparition, si bien que de nombreux travaux se sont orientés sur les liens existant entre psychose et adolescence. Rupture, cassure (*breakdown*) dans la perspective des psychanalystes anglais E. et M. Laufer, temps de crise suivi d'un réaménagement ou d'une organisation pathologique pour F. Ladame, second temps du processus de séparation-individuation pour P. Blos, adolescence comme révélateur potentiel de ce qui demeure d'une vulnérabilité antérieure pour Ph. Jeammet : les caractéristiques de l'adolescence, déjà largement évoquées, favorisent l'apparition de ces troubles graves dans lesquels « le désinvestissement psychotique du lien constitue l'ultime défense narcissique d'un moi submergé et menacé d'un vécu de reddition totale à l'objet dont le syndrome d'influence et l'automatisme mental sont l'expression la plus complète[1] ». Dans le syndrome d'influence et l'automatisme mental, le sujet a l'impression que son cerveau est manœuvré, son langage

1. Ph. Jeammet, « Pourquoi la schizophrénie à l'adolescence ? », in C. Azoulay, C. Chabert, J. Gortais, Ph. Jeammet, *Processus de la schizophrénie*, 2002, p. 141.

intérieur répété, ses pensées et ses actes commandés : cela rend compte d'une scission du moi. Ce sont les aspects les plus inacceptables de la vie pulsionnelle (érotisme et destructivité) qui occasionnent la mise en jeu de ces troubles. Freud écrit en 1938, dans l'*Abrégé de psychanalyse* : « L'expérience clinique montre qu'il y a, au déclenchement d'une psychose, deux motifs déterminants : ou bien la réalité est devenue intolérable, ou bien les pulsions ont subi un énorme renforcement, ce qui, étant donné les exigences rivalisantes du ça et de l'extérieur, doit avoir sur le moi des effets analogues » (p. 77). L'adolescence condense ces deux motifs : les changements corporels constituent la « réalité intolérable », la puberté contribue à l'« énorme renforcement des pulsions ». Le point de départ est toujours la sexualité pubertaire et l'impact de la relation d'objet ; mais, dans la psychose, ce point d'appel par l'Œdipe embraye rapidement sur la ligne narcissique et, du fait de la fragilité extrême du sujet sur cet axe, met en cause l'identité. La psychose, selon R. Cahn, est avant tout une catastrophe narcissique. Dans la mise en place de ce processus, le rôle des facteurs externes est aussi souligné : défaillance de la fonction pare-excitante de l'entourage, voire proximité trop excitante entretenue par certains parents eux-mêmes en difficulté pour gérer la distance, pour laisser à l'adolescent une autonomie sans exercer sur lui de l'emprise, effet d'une première expérience amoureuse, de la prise de drogue... Diverses situations sont évoquées, qui ne constituent jamais une cause unique mais participent à la mise en sens de la survenue de ce trouble.

(A) *L'évaluation.* – Plus que jamais, compte tenu des enjeux de l'évolution, une évaluation précise est nécessaire : manifestations extrêmes de la crise d'adolescence entraînant temporairement un sentiment d'étrangeté et l'impression de ne pas se reconnaître, troubles graves dans le cadre d'une névrose obsessionnelle ou de troubles limites, troubles psychotiques de l'adolescence, bouffée délirante aiguë ou psychose de type schizophrénique : c'est toujours la question du pronostic qui est en jeu, car le devenir de l'adolescent est différent selon l'une ou l'autre de ces affections.

Les symptômes psychotiques à l'adolescence ne sont pas synonymes de schizophrénie. Ils sont présents dans 30 % des troubles graves de l'humeur, et des adolescents présentant des désordres des conduites, des dépressions majeures peuvent être étiquetés improprement psychotiques.

Les psychoses aiguës peuvent, dans certains cas, évoluer sans lendemain dans les trois mois, ou constituer une évolution vers la schizophrénie.

Le diagnostic de schizophrénie, psychose au lourd pronostic, qui commence le plus souvent à l'adolescence, doit être pesé avant d'être posé : l'affirmer sans certitude a d'importantes conséquences pour l'adolescent, pour le regard que lui-même et sa famille porteront sur lui, mais aussi pour la prise en charge qui en découle. Le traitement par les neuroleptiques qu'il implique peut avoir, souligne Ph. Jeammet, des effets négatifs, voire psychotisants[1]. Mais il est d'un grand intérêt lorsqu'il s'agit de cette affection, et la réversibilité des troubles à l'adolescence impose d'agir précocement de façon adaptée. Cela souligne l'importance d'une évaluation aboutissant à un tel diagnostic et à des décisions thérapeutiques prises rapidement.

---

1. Ph. Jeammet, « Pourquoi la schizophrénie à l'adolescence ? », *op. cit.*, p. 141.

Ce registre de troubles implique le plus souvent une prise en charge institutionnelle permettant une approche diversifiée de l'adolescent ainsi qu'une prise en compte de la famille.

(B) *L'évolution des psychoses à l'adolescence.* – L'évolution des sujets présentant à l'adolescence un tableau psychotique massif est difficile à prédire, mais il est certain qu'une prise en charge thérapeutique appropriée est essentielle. Marcelli et Braconnier se réfèrent sur ce point à une étude de la Fondation santé des étudiants de France, portant sur 1 000 patients hospitalisés : 4,1 % présentent une bouffée délirante ou autre psychose aiguë ; parmi celles-ci, 93 % sont améliorées. Le réexamen effectué quelques années plus tard sur 28 patients montre que la majeure partie d'entre eux (71 %) a retrouvé un fonctionnement normal ou présente des troubles légers, 29 % ayant des troubles graves.

Une étude catamnestique portant sur des patients traités en hôpital de jour[1] qui permet de les suivre au long cours, au-delà de la crise, va dans le même sens : pour un quart d'entre eux, l'installation dans la schizophrénie semble irréversible, cependant qu'un tiers voit ses troubles disparaître et que les autres demeurent pris dans une problématique complexe.

5. **Les pathologies limites et narcissiques à l'adolescence.** – La clinique évolue et fait évoluer la théorie. La théorie psychanalytique n'échappe pas à cette règle. La double polarité des premières entités nosographiques étudiées par Freud, à partir de l'opposition perversion/

1. R. Cahn, « Évaluation de l'action institutionnelle auprès des adolescents psychotiques », *La Psychiatrie de l'enfant*, t. XXXI, fasc. 2, 1988, p. 509-556.

névrose puis névroses/psychoses, a trouvé sa limite dans la confrontation avec certains faits cliniques : les états limites, selon A. Green, constituent un nouveau paradigme pour la psychanalyse[1]. Freud déjà, au cours de sa vie, a fait travailler et évoluer les modèles théoriques, pour dépasser des butées cliniques. Par la suite, à partir des intuitions de Ferenczi, des travaux de Winnicott qui introduit de nouvelles conceptualisations, l'intérêt se porte sur la compréhension de modalités de fonctionnement qui diffèrent de la névrose et de la psychose : parmi les psychanalystes français, A. Green offre des contributions importantes sur ce sujet, caractérisé par ce qu'on nomme « travail du négatif ».

L'élaboration d'une compréhension nouvelle de ces troubles a porté d'abord sur les adultes : ils sont décrits dans les années 1950 sous les termes de *borderline* par les Anglo-Saxons, états limites ou troubles limites par les Français. Il est impossible de synthétiser ces apports différents, parfois même divergents sur certains points. L'éclairage porte essentiellement sur les modalités particulières des relations à l'autre, caractérisées par la difficulté à gérer aussi bien la distance que le rapproché, l'une entraînant des angoisses d'abandon, l'autre des angoisses d'intrusion. Cela est mis en lien avec la constitution d'un narcissisme fragile, comparé par D. Anzieu à une « enveloppe à trous ».

Ces pathologies remettent en jeu la question du traumatisme, qui perd ici ses liens exclusifs avec les fantasmes sexuels et l'effet d'après-coup, comme c'est le cas dans la névrose. Ferenczi a, le premier, évoqué des conjonctures traumatiques ne relevant pas seulement de traumatismes de type sexuel ou fantasmatiques,

---

1. A. Green, « Genèse et situation des états limites », in J. André *et alii*, *Les États limites*, Paris, Puf, 1999, p. 23.

mais secondaires à l'action de traumas précoces. Ces traumas relèvent aussi bien de l'excès que de la privation d'amour, du fait des méconnaissances des besoins de l'enfant, et entraînent une sidération psychique due au désespoir. Le trauma « est la traduction d'une absence, ou d'une série d'absences, de réponse adéquate de l'objet face à une situation de détresse : cette absence mutile à jamais le moi [...] entraîne une sensation de détresse primaire qui toute la vie durant se réactive à la moindre occasion[1] ». Non seulement le narcissisme de l'enfant, comme ses potentialités sont gravement endommagés, mais le recours aux mécanismes de défense comme la projection et le clivage mutilent le moi.

Un ouvrage confrontant névroses et fonctionnements limites[2] expose l'historique et les principaux apports conceptuels concernant les organisations limites et présente les problématiques essentielles qu'elles mettent en jeu. Il s'agit de définir le fonctionnement limite non comme un état intermédiaire entre névrose et psychose, selon une tendance fréquente, mais comme une organisation psychique spécifique qui, malgré l'hétérogénéité et l'instabilité des troubles qui le caractérisent, peut être comprise à partir d'axes dégageant ses particularités. Même si l'ouvrage concerne la pathologie adulte, les aspects théoriques concernant la genèse de ces modes psychopathologiques ouvrent des perspectives de compréhension sur les troubles des adolescents. Nous en retiendrons quelques points : certains rejoignent les descriptions évoquées à propos des comportements

1. T. Bokanowski, « Le concept de trauma chez Ferenczi », in F. Brette, M. Emmanuelli, G. Pragier (dir.), *Le Traumatisme psychique. Organisation et désorganisation*, Paris, Puf, « Monographies de psychanalyse », 2005.
2. C. Chabert, B. Brusset, F. Brelet-Foulard, *Névroses et fonctionnements limites*, Paris, Dunod, 1999.

violents et de la plupart des conduites agies. Sans qu'il faille attribuer le diagnostic de fonctionnement limite à tous les adolescents qui recourent à l'acte, la question de cette organisation psychique peut se poser dans nombre de cas.

Les principaux aspects soulignés sont :

- la prédominance de la destructivité et le caractère inintégrable de l'ambivalence ;
- le défaut d'intériorité, d'investissement de l'activité psychique propre, qui explique la dépendance, l'incapacité à être seul, l'impulsivité et le passage à l'acte. Ce défaut résulte en partie d'un défaut du refoulement, et de l'utilisation de défenses spécifiques telles que la projection, le déni et le clivage, le recours à la mise en acte plutôt qu'au travail de représentation psychique ;
- l'antagonisme entre objectalité et narcissisme, relation d'objet et auto-érotisme ;
- l'organisation défensive qui se caractérise par la coexistence de deux niveaux, l'un relevant d'une modalité névrotique sur le plan des défenses (refoulement) et de l'angoisse, l'autre d'un registre plus archaïque (déni, clivage, projection, idéalisation primitive), avec essentiellement, dans ce registre, des stratégies antipensée. Ces défenses visent à éviter des contradictions non intégrables par le sujet, à les éjecter de l'espace psychique interne : elles les expulsent dans l'acte et sa répétition (addictions), dans le corps (hypochondrie, somatisations) et dans les autres, qui deviennent le réceptacle des sentiments négatifs, ce qui explique les conduites violentes.

C. Chabert propose de considérer qu'il y a en jeu un double axe de problématique, constituant l'armature singulière des fonctionnements limites : celui de l'organisation psychosexuelle, prenant en compte les particularités que présente le complexe d'Œdipe chez ces sujets, et celui de l'angoisse de perte d'amour de l'objet. Les deux, tout en s'articulant, sont en effet à prendre en compte : le mouvement qui, dans la psychanalyse actuelle, réfère presque exclusivement les troubles limites à ce dernier registre, en renvoyant l'étiologie uniquement à la qualité des relations précoces, opère parfois une confusion entre objets externes réels et objets internes – représentations de l'objet.

Les aléas du complexe d'Œdipe sont mis en lien avec les difficultés d'élaboration de la position dépressive, travail psychique qui permet, dans la petite enfance, l'intégration de l'ambivalence. Ces difficultés contribuent à rendre poreuses les limites entre sujet et objet. Le travail de la latence, qui permet l'élaboration et le dénouement du complexe d'Œdipe par l'intériorisation des interdits, est défaillant dans les fonctionnements limites, du fait d'un défaut de refoulement. À la puberté, les fantasmes incestueux et parricides sont, de ce fait, envahissants. Faute de constitution, au cours de la latence, de digues psychiques susceptibles de contenir l'excitation sexuelle, le recours au corps et au comportement offre la voie d'expulsion de cette excitation – dont on a vu qu'elle est majeure au cours de la puberté. L'investissement de l'extérieur sert de défense contre l'intensité de ces mouvements pulsionnels, et va de pair avec un véritable travail de sape de l'activité fantasmatique, celle qui produit les représentations et les affects et nourrit les processus de pensée.

La prévalence de comportements masochistes dans certains troubles caractérisés par le recours au comportement marque, pour C. Chabert, l'acuité de la problématique sexuelle et de ses fondements œdipiens, sans exclure la problématique de perte d'objet. Le comportement masochiste (recherche de la douleur pour elle-même que l'on trouve dans les tentatives de suicide compulsives, les toxicomanies, les conduites d'automutilation, les crises de boulimie avec vomissements) tend apparemment à exclure l'autre, du fait d'un refoulement insuffisant de la composante sexuelle incestueuse.

La question du diagnostic et surtout celle du pronostic restent, comme toujours, plus difficiles s'agissant d'adolescents, dont le fonctionnement mouvant ne permet pas de prévoir les modalités de l'organisation définitive. L'évolution ne va pas toujours dans le sens du maintien d'un diagnostic similaire à l'âge adulte. Il n'en reste pas moins que le clinicien doit éviter l'écueil de la banalisation des troubles, écueil contenu dans la position qui consiste à souligner la proximité du fonctionnement psychique de l'adolescent et de celui de l'organisation limite, sous peine de sous-estimer la souffrance de ces jeunes patients et les risques de passage à l'acte qui les menacent.

CHAPITRE IV

Les modalités thérapeutiques avec les adolescents

Comme avec les adultes, les possibilités thérapeutiques sont diverses, puisqu'elles comprennent les traitements médicamenteux et le vaste champ des psychothérapies. Dans ces différents champs, la spécificité du fonctionnement adolescent demeure prise en compte pour adapter les modalités thérapeutiques à ses caractéristiques.

I. – Les traitements médicamenteux

Dans le domaine des chimiothérapies, les psychiatres ont recours aux anxiolytiques pour lutter contre les manifestations physiques et psychiques de l'anxiété ; aux neuroleptiques, à visée principalement antipsychotique, et aux antidépresseurs, utilisés pour normaliser l'humeur en cas de dépression franche, lorsque les symptômes (ralentissement psychomoteur, inhibition) interdisent la poursuite du travail psychique. Ces derniers servent aussi parfois dans les états d'anxiété généralisée, les troubles alimentaires et les troubles obsessionnels compulsifs.

Compte tenu de la teneur de ces différents médicaments, du manque d'études portant sur des populations d'adolescents, de l'inadéquation relative entre les classifications médicamenteuses, établies à partir de la nosographie adulte, et les divers regroupements psychopathologiques propres à l'adolescence, leur prescription n'est pas un acte anodin[1]. Elle nécessite d'être portée par un spécialiste, après une évaluation psychologique attentive et l'établissement préalable d'une relation thérapeutique. La prescription dès la première consultation est à éviter, et un suivi régulier est nécessaire.

D. Marcelli et A. Braconnier rappellent les risques particuliers liés à l'utilisation de psychotropes avec les adolescents :

- l'adolescent peut s'appuyer sur le soulagement apporté par le médicament pour éluder les problèmes intrapsychiques sous-jacents à l'existence des troubles ;
- le médicament risque d'accentuer la relation de dépendance du sujet ;
- son utilisation est susceptible de provoquer un sentiment de dévalorisation et d'impuissance, lié à la difficulté à trouver en soi des ressources psychiques pour dépasser ses difficultés ;
- on court le risque d'une interférence négative entre les effets secondaires de certaines substances et le processus d'adolescence. C'est ainsi que diverses modifications corporelles induites par les médicaments peuvent retentir sur les préoccupations concernant le corps et son image, le sentiment d'identité[2].

Il importe donc, avant toute prescription de cet ordre, de savoir si les changements ainsi induits ne

1. Collège national des universitaires de psychiatrie, *Psychiatrie de l'enfant et de l'adolescent*, Paris, In Press, 2000.
2. D. Marcelli, A. Braconnier, *Adolescence et psychopathologie*, *op. cit.*

peuvent être obtenus par une autre approche. En outre, l'entretien préalable mené avec l'adolescent et ses parents doit permettre de définir ce que l'on peut attendre de ce type de traitement et d'en poser les limites.

Enfin, le recours à la solution médicamenteuse, s'il est jugé nécessaire pour calmer l'anxiété majeure, les symptômes massifs de la dépression, ou intervenir face à l'entrée dans une schizophrénie, ne dispense pas d'une prise en charge psychothérapique : il doit être considéré comme un préalable à celle-ci, utile lorsque l'état psychique du patient la rend provisoirement inopérante.

II. – Les psychothérapies

1. **Définition et présentation.** – La définition est large : elle concerne toute thérapeutique utilisant des procédés psychiques. Le terme recouvre des pratiques très diverses, sous-tendues par des modèles théoriques eux-mêmes variés – parfois inconsistants, voire inexistants.

Le domaine des psychothérapies a connu en effet, depuis une trentaine d'années, une large extension, et il est bien difficile pour les patients de savoir ce qu'impliquent les titres et écoles auxquelles se réfèrent les psychothérapeutes. L'évolution actuelle se caractérise, selon B. Brusset, par trois types de grandes références : la psychanalyse freudienne pour les nombreuses formes de psychothérapie psychanalytique, le behaviorisme et les cognitivismes pour les thérapies cognitives et comportementales, et la tradition humaniste existentielle, qui regroupe diverses méthodes et demeure empirique et improvisée faute de fondement théorique consistant, ce qui donne une extrême importance à la personnalité du thérapeute[1]. Citons aussi les thérapies systémistes, issues des travaux de Bateson et de l'École de Palo Alto, qui ont contribué à la prise en compte des interactions familiales et de leur poids sur l'individu.

On oppose surtout actuellement – et elles s'opposent effectivement en tous points – les thérapies cognitives et comportementales et les thérapies psychanalytiques.

Les premières ne travaillent que sur les contenus explicites et informatifs, visent la guérison symptomatique, se centrent sur l'ici-et-maintenant. Les thérapies comportementales cherchent à déconditionner les conduites inadaptées et à apprendre de nouveaux comportements par divers moyens. Les thérapies cognitives visent une « restructuration cognitive » et le développement de l'autocontrôle.

Le thérapeute y adopte une position active et directive, et le patient est encouragé à prendre un rôle actif. La relation établie entre patient et thérapeute ne fait pas l'objet d'une prise en compte – ce qui n'empêche pas qu'elle existe, avec ses effets – et n'est pas analysée ou explicitée au cours du travail thérapeutique.

Les thérapies cognitives et comportementales sont actuellement de plus en plus souvent utilisées dans le domaine hospitalier, en particulier du fait des objectifs de rentabilité qu'elles comportent : il s'agit de traitements brefs, visant la disparition des symptômes, et auxquels on recourt pour faire disparaître les phobies, les obsessions, voire les troubles des comportements alimentaires. Les études montrent toutefois que le traitement, prévu pour une durée brève, doit bien souvent être prolongé de diverses manières, en variant les méthodes et en poursuivant le post-traitement par des entretiens.

1. B. Brusset, *Les Psychothérapies*, Paris, Puf, « Que sais-je ? », 2003.

La psychanalyse et les applications thérapeutiques qui en découlent reposent sur la reconnaissance de l'existence de l'inconscient, et du fait que le symptôme est une formation de compromis et un témoin (avec le rêve, l'acte manqué) des conflits intrapsychiques inhérents au fonctionnement psychique. La pratique de la psychanalyse s'appuie sur l'interprétation des conflits infantiles refoulés, réactualisés dans la relation de transfert. La relation et ses implications affectives, loin d'être ignorées, constituent donc ici un paramètre essentiel du travail thérapeutique.

La pratique de la psychanalyse pose comme exigence préalable à toute formation au sein d'une association psychanalytique l'expérience personnelle d'une cure psychanalytique pour le futur thérapeute.

Si la « cure type », ou cure de divan, est au cœur de la théorie et de la pratique psychanalytique comme un modèle de référence, elle ne constitue plus actuellement, pour des raisons variées, l'essentiel de cette pratique. La pratique de psychothérapies psychanalytiques prenant des formes diverses s'est développée pour répondre à des situations rendant difficile une psychanalyse classique ou en excluant même la possibilité, ou encore visant un autre champ d'action que la rencontre individuelle (thérapies familiales).

Quel que soit le mode de psychothérapie choisi, il implique la nécessité de prendre en compte la famille, ce qui ne signifie pas pour autant que celle-ci puisse interférer dans les rencontres entre thérapeute et adolescent : ici aussi, un cadre doit être clairement posé, impliquant le respect absolu du secret professionnel, faute de quoi l'engagement de l'adolescent sera marqué par la méfiance. Lors de la mise en place de la psychothérapie, la rencontre avec les parents se fait avec l'accord et en présence de l'adolescent. Ces rencontres ne sauraient se renouveler par la suite. Mais il est parfois souhaitable qu'un consultant autre que celui de leur enfant les accompagne, au cours de consultations, dans un travail de guidance leur permettant de réfléchir à leur lien avec l'adolescent et à l'impact de ses troubles sur la famille.

2. **Les psychothérapies psychanalytiques.** – Avec l'adolescent, la décision thérapeutique repose, plus que sur les manifestations symptomatiques, sur l'évaluation des modalités de son fonctionnement psychique, la place qu'y occupe l'entourage, et les enjeux pour l'avenir des troubles actuels. Il importe d'évaluer quelle sera la solution thérapeutique la mieux adaptée aux caractéristiques psychiques de ce patient, caractéristiques dont on a vu au demeurant combien elles sont marquées par le processus d'adolescence.

Cette évaluation se fait au cours de consultations, qui permettent d'apprécier tout à la fois les troubles et leur poids, le degré d'urgence qu'il y a à intervenir et la nécessité éventuelle de recourir à un traitement médicamenteux, et la manière dont l'adolescent peut – ou non – entrer dans la relation proposée et prendre appui sur elle pour mobiliser son fonctionnement psychique.

Quelle que soit la modalité adoptée, l'importance des interventions avec l'adolescent tient à la grande capacité de mobilisation du psychisme à cet âge : il convient donc d'intervenir au plus tôt, tout en se donnant le temps et les moyens de décider des modalités de cette intervention. À cet effet, les consultations doivent souvent être renouvelées, complétées par un bilan psychologique ou, si nécessaire, par un temps d'hospitalisation provisoire.

La spécificité du fonctionnement des adolescents, comme le souligne P. Sullivan[1], et comme l'illustre

1. P. Sullivan, *Psychopathologie de l'adolescent*, Paris, In Press, 2001.

l'ouvrage *La psychanalyse de l'adolescent existe-t-elle ?*[1], a mis en question l'adéquation aux adolescents de la « cure de divan » instaurée par Freud pour des patients adultes, et imposé la nécessité de recourir aux divers aménagements techniques aboutissant à d'autres formes de psychothérapies psychanalytiques.

La cure psychanalytique comporte en effet des caractéristiques tenant au cadre (position allongée du patient, nombre important des séances hebdomadaires) et à la durée de la cure, qui permettent une régression au cours de laquelle le passé sexuel infantile peut se révéler peu à peu, au-delà des refoulements instaurés défensivement. Or les caractéristiques de l'adolescent, en particulier la proximité où il se trouve avec les conflits de l'enfance et avec les imagos parentales, ainsi que la dépendance aux parents existant dans la réalité, ne sont le plus souvent pas compatibles avec un tel engagement et avec les modalités et les visées mêmes de la cure psychanalytique.

Sur ce point, qui réunit assez majoritairement les psychanalystes d'adolescents, s'oppose la perspective des psychanalystes anglais E. et M. Laufer, et du Genevois F. Ladame, qui préconisent la cure analytique intensive pour les adolescents présentant des troubles graves. Ce point de vue a donné lieu à des débats avec les psychanalystes français, pour qui une telle pratique, de manière générale fort rare, ne s'impose pas avec les cas difficiles. Ceux-ci requièrent au contraire d'autres modes de prise en charge.

Les adolescents les plus fragiles sont, en effet, ceux qui ont le plus de mal à tolérer la relation psychothérapeutique directe et l'action interprétative.

---

1. J. André, C. Chabert, *La psychanalyse de l'adolescent existe-t-elle ?*, Paris, Puf, 2010.

La psychothérapie psychanalytique privilégie la relation, ce qui réveille la peur de la dépendance. Elle utilise le langage ; or la voie d'expression des conflits est le plus souvent barrée dans des registres de troubles qui passent par des voies d'ordre somatique ou par l'investissement de l'agir. Il est difficile à ces patients de trouver des mots pour exprimer leurs émotions, souvent confuses, mal identifiées, et d'établir des liens entre celles-ci et des représentations. Il s'agit donc de trouver des aménagements ou d'autres formes d'échange qui, sans contraindre d'emblée à la verbalisation et à l'expression directe de soi, lui ouvrent la voie.

(A) *Les consultations thérapeutiques.* – Les consultations thérapeutiques consistent en entretiens répétés, souvent espacés dans le temps, qui permettent d'opérer peu à peu cette mobilisation destinée à impulser un mouvement psychique intérieur. Elles conduisent parfois, à partir de l'ouverture à l'autre et à soi-même qu'y rencontre l'adolescent, à engager une psychothérapie. Elles peuvent aussi dans certains cas suffire – du moins pour un temps – à dégager l'adolescent de ses difficultés actuelles, à partir du soutien identificatoire qu'il y trouve et des réaménagements narcissiques qui en découlent.

(B) *Les aménagements du dispositif : les thérapies bifocales.* – La difficulté à supporter la proximité et la dépendance, pour les sujets qui en sont le moins dégagés, rend l'engagement relationnel intense mis en route par la psychothérapie particulièrement insupportable pour certains adolescents.

En effet, l'investissement de l'autre est toujours susceptible de rendre celui-ci excitant pour l'adolescent et de lui faire perdre par là sa fonction d'étayage narcissique : on l'a vu dans la relation avec les parents, qui demande à être mise à distance. La relation transférentielle avec le psychothérapeute n'échappe pas à ce danger. C'est pour écarter ce risque que sont particulièrement bienvenus dans les prises en charge d'adolescents des dispositifs qui protègent le travail thérapeutique des risques de rupture en diffractant les investissements.

Les « thérapies bifocales » sont un exemple de tels aménagements. Elles répartissent les prises en charge entre un thérapeute chargé de la réalité externe de l'adolescent, et un psychothérapeute exclusivement chargé de son monde interne. L'intervention du premier introduit un tiers qui, sans intervenir dans la relation patient-psychothérapeute, permet par son existence que la charge d'investissement dirigée vers ce dernier soit modulée : cela favorise la négociation économique de la relation transférentielle et aide l'adolescent à mieux l'admettre, afin de l'utiliser.

(C) *Le psychodrame psychanalytique.* – Le psychodrame psychanalytique est un dispositif qui réunit un jeune patient, un directeur de jeu, qui ne joue pas mais commente et interprète, et un groupe d'analystes, acteurs dans les scènes. Cette distribution offre une fragmentation du transfert qui permet l'aménagement de l'effet potentiellement traumatique de l'objet. Elle est favorable à la contenance et au traitement de l'excitation qui caractérise l'engagement des adolescents, en particulier dans les troubles limites ou psychotiques[1].

Le psychodrame présente en outre l'intérêt d'inclure des paramètres qui vont dans le sens des défenses des adolescents (recours à l'agir, à la réalité externe, à la

1. C. Chabert, « Pourquoi le psychodrame à l'adolescence », *Adolescence*, t. XVIII, 1, 2000, p. 173-187.

sensation, utilisation de l'espace). Il les utilise de ce fait pour faire passer peu à peu la mise en acte dans le registre de la mise en scène et ouvre à l'adolescent l'accès à son monde fantasmatique, à la figuration de son activité psychique. Son utilisation est donc particulièrement adaptée avec les adolescents pour qui l'inhibition, le vide de la pensée sont au premier plan, rendant difficiles les psychothérapies classiques, et avec les sujets présentant une grande excitabilité. Le transfert se répartit sur les cothérapeutes, ce qui favorise la différenciation des imagos, tout en préservant le sentiment de continuité narcissique.

(D) *Les prises en charge institutionnelles.* – L'adolescent se met bien souvent en danger et a besoin, dans ce cas, d'un cadre pour contenir les attaques auxquelles il se livre contre lui-même et que les parents sont parfois incapables d'empêcher. Il faut donc prendre des mesures telles que l'hospitalisation, la séparation d'avec la famille, en ayant pour visée une évolution, à partir de prises en charge multiples, qui rende autant que possible ces mesures provisoires.

Avec les sujets en grande souffrance, en effet, une prise en charge intensive est nécessaire et l'hospitalisation apporte généralement un soulagement. Les unités de soins – unités hospitalières spécifiques destinées aux problèmes psychopathologiques des adolescents – sont malheureusement peu nombreuses, en France, si bien que ces derniers sont souvent hospitalisés dans les services pour enfants (avant 16 ans) ou pour adultes, après cet âge.

Les hôpitaux de jour pour adolescents reçoivent ces derniers (âgés de 11 à 16 ans ou de 13 à 20 ans, selon les établissements) durant la journée, assurant les soins et l'enseignement : une place importante est donnée à la scolarité et à l'éducatif. La perspective thérapeutique vise la reprise du développement et l'autonomisation à l'égard de la famille et du monde social. Le temps de séjour moyen est de trois à quatre ans.

Les modalités de prise en charge varient selon le registre de troubles : délinquance, toxicomanies, pathologies psychotiques, troubles des conduites alimentaires. Les élaborations théoriques portant sur ce qui s'y joue ont permis de mettre en évidence les apports de ce que R. Cahn appelle « traitement psychanalytique institutionnel » dans le cas des troubles de type psychotique ou limite, traitement généralement assorti d'une psychothérapie. L'institution offre un contenant aux productions du patient et elle permet que celles-ci prennent sens. Elle sert de cadre, pose des limites, données qui permettront la modification du fonctionnement mental. Dans ce type d'institution, l'équipe tout entière est engagée dans un travail d'analyse : les réunions communes, offrant une diversité de points de vue sur l'adolescent, en fonction des modalités relationnelles établies par ce dernier, permettent de mieux comprendre ses troubles pathologiques et leur origine. La réflexion commune permet par exemple de mettre en évidence la répétition dans l'institution des attitudes familiales qui habitent et commandent inconsciemment le patient.

Ces institutions spécialisées privilégient, en sus de la prise en charge de l'adolescent, le travail avec la famille, afin d'en appréhender transférentiellement le fonctionnement de telle manière que cette compréhension puisse éclairer le fonctionnement psychique du patient et permette de pallier les distorsions des interactions familiales. Ces rencontres aident, en outre, les familles en souffrance.

Conclusion

Le rassemblement des données concernant l'adolescence reflète la diversité des points de vue nécessaires à son étude ; nous n'avons pu les aborder tous. Sujet d'étude, elle suscite parfois des positions antagonistes, mais c'est la confrontation fructueuse des perspectives qui permet le mieux d'appréhender la complexité de ce qu'elle recouvre. Ces confrontations n'ont certes pas fini de faire évoluer les connaissances dans ce domaine, consolidant certaines d'entre elles et en modifiant d'autres : il s'agit d'un champ à l'image de l'adolescence elle-même, subissant des influences extérieures et connaissant des remaniements.

Néanmoins, les changements internes et les contradictions propres à l'adolescence s'inscrivent dans une permanence proprement humaine : les œuvres musicales et littéraires, transcendant le temps et les lieux, en portent témoignage. Chérubin papillonne, soumis à la quête fluctuante d'un objet de désir. Les adolescentes des romans de Carson Mac Cullers subissent les transformations qu'apporte cette étape, en tentant de les élaborer : « C'est alors que les choses avaient commencé à changer, mais Frankie ne comprenait pas ce changement […] Il y avait quelque chose dans ces fleurs d'avril et dans ces arbres verts qui remplissait Frankie de tristesse. » Période le plus souvent douloureuse en effet : « J'avais 20 ans et je ne permettrai à personne de dire que c'est le meilleur moment de la vie », écrit Nizan. Ce malaise, cette souffrance témoignent d'un temps charnière, carrefour vers la créativité, période d'ultimes remaniements avant l'engagement dans la vie d'adulte ou moment où l'impasse s'instaure, prenant des formes diverses.

BIBLIOGRAPHIE

« L'adolescence dans l'histoire de la psychanalyse » (1996), *Les Cahiers du Collège international de l'adolescence*, I, Paris, CILA.

André J., Chabert C. (2010), *La psychanalyse de l'adolescent existe-t-elle ?*, Paris, Puf.

Arnoux D. J. (1999), *La Dépression à l'adolescence*, Paris, In Press.

Azoulay C. (2013), « Séparation, temporalité et créativité à l'adolescence », in Chabert C. (dir.), *Les Séparations : victoires et catastrophes*, Toulouse, Érès.

Birraux A. (2013), *L'Adolescent face à son corps*, Paris, Albin Michel.

Bouzar D. (2015), *Comment sortir de l'emprise djihadiste ?*, Ivry-sur-Seine, L'Atelier.

Cahn R. (1991), *Adolescence et folie. Les déliaisons dangereuses*, Paris, Puf.

Cahn R. (1998), *L'Adolescent dans la psychanalyse. L'aventure de la subjectivation*, Paris, Puf, « Le Fil rouge ».

Chabert C. (1997), « Féminin mélancolique », *Adolescence*, t. XV, n° 2, p. 47-55.

Chabert C. (2007), « Le complexe d'Œdipe, entre renoncement et perte », in Cabrol G., Nayrou F., Parat H. (dir.), *Actualité de l'Œdipe*, Paris, Puf.

Chabert C. (2015), *La Jeune Fille et le Psychanalyste*, Paris, Dunod.

Dayan J., Guillery-Girard B. (2011), « Conduites adolescentes et développement cérébral : psychanalyse et neurosciences », *Adolescence*, n° 77, p. 479-515.

Denis P. (2001), *Éloge de la bêtise*, Paris, Puf.

Emmanuelli M. (2010), « La recherche du temps futur : l'idéal du moi à l'adolescence », in Cabrol G., Parat H., *Les Idéaux*, Paris, Puf.

Emmanuelli M. (2013), « Adolescence : se séparer de quoi, de qui ? », in Chabert C. (dir.), *Les Séparations. Victoires et catastrophes*, Toulouse, Érès.

Emmanuelli M. (2015), « Dynamique de la pensée à l'adolescence », in Emmanuelli M., Nayrou F. (dir.), *La Pensée. Approche psychanalytique*, Paris, Puf.

« Finir l'adolescence », *Revue française de psychanalyse*, vol. 77, 2013.

Freud S. (1905), *Trois Essais sur la théorie sexuelle*, Paris, Gallimard, 1987.

Freud S. (1905), « Dora, fragment d'une analyse d'hystérie », in *Cinq Psychanalyses*, Paris, Puf, 1966 ; *OCF.P IV*, 2014.

Galland O. (1997), « L'entrée des jeunes dans la vie adulte », *Problèmes politiques et sociaux*, Paris, La Documentation française, n° 794.
Giedd J.-N. (2011), « Maturation du cerveau adolescent », États-Unis, Child Psychiatry Branch, National Institute of Mental Health.
Gutton Ph. (1996), *Adolescens*, Paris, Puf.
Houzel D., Emmanuelli M., Moggio F. (2000), *Dictionnaire de psychopathologie de l'enfant et de l'adolescent*, Paris, Puf.
Huerre P., Pagan-Reymond M., Reymond J.-M. (2002), *L'adolescence n'existe pas*, Paris, Odile Jacob.
Jeammet Ph. (1985), « Actualité de l'agir. À propos de l'adolescence », *Nouvelle Revue de psychanalyse*, n° 31, p. 201-222.
Jeammet Ph. (1990), « Les Destins de l'auto-érotisme à l'adolescence », in A.-M. Alléon, O. Morvan, S. Lebovici, *Devenir « adulte » ?*, Paris, Puf.
Kamel F. (2002), *Entrer dans la latence. Le temps de l'adolescence*, Paris, In Press.
Kamel F. (2005), « Ambivalence à l'adolescence », in Emmanuelli M., Menahem R., Nayrou F., *Ambivalence. L'amour, la haine, l'indifférence*, Paris, Puf.
Kestemberg É. (1962), « L'identité et l'identification chez les adolescents. Problèmes théoriques et techniques », *La Psychiatrie de l'enfant*, t. V, fasc. 2, p. 441-522.
Kestemberg É. (1980), « Notule sur la crise de l'adolescence. De la déception à la conquête », *Revue française de psychanalyse*, Paris, t. XLIV, n° 3-4, p. 523-530.
Levi G., Schmitt J.-C. (1994), *Histoire des jeunes en Occident. De l'Antiquité à l'époque moderne*, Paris, Seuil, 2 vol.
Marty F. (2000), *L'Illégitime Violence. La violence et son dépassement à l'adolescence*, Ramonville-Saint-Agne, Érès.
Marty F. (2002), *Le Jeune Délinquant*, Paris, Payot.
Marty F., Missonnier S. (2010), « Adolescence et monde virtuel », *Études*, t. CDXIII.
Mohammed M. (2011), *La Formation des bandes. Entre la famille, l'école et la rue*, Paris, Puf.
Mucchielli L. (2014), *La Délinquance des jeunes*, Paris, La Documentation française.
Muxel A. (2010), *Avoir 20 ans en politique. Les enfants du désenchantement*, Paris, Seuil.
Perret-Catipovic M., Ladame F. (dir.) (1997), *Adolescence et psychanalyse. Une histoire*, Lausanne, Delachaux & Niestlé.
Richard F. (2001), *Le Processus de subjectivation à l'adolescence*, Paris, Dunod.

Roussillon R. (2008), *Le Jeu et l'Entre-Je(u)*, Paris, Puf.
Schmid-Kitsikis E. (2001), *La Passion adolescente*, Paris, In Press.
Sullivan P. (2001), *Psychopathologie de l'adolescent*, Paris, In Press.
Vibert S. (2015), *Les Anorexies mentales*, Paris, Puf, « Que sais-je ? ».
Vlachopoulou X., Missonnier S. (2015), *Psychologie des écrans*, Paris, Puf, « Que sais-je ? ».

ENQUÊTES, RAPPORTS ET DOSSIERS

Choquet M., Ledoux S. (1998), *Attentes et comportements des adolescents*, Paris, INSERM.
Données préliminaires sur la sexualité des jeunes (2012), Centre régional d'information et de prévention du sida, région PACA.
Enquête « Génération Quoi ? » (2013), menée par C. Van de Velde et C. Peugny, produit par France télévisions, Yami 2 et Upian.
Évolution statistique des mariages et divorces (2012), site justice.gouv.fr
Jeunesse, le devoir d'avenir (2001), rapport de la commission « Jeunes et politiques publiques » présidée par D. Charvet, Paris, La Documentation française.
Lagrange H., Lhomond B. (1995), *Le Comportement des jeunes de 15 à 18 ans*, Agence nationale de recherche sur le sida, Paris, La Documentation française.
Lemière S. (2013), *L'Accès à l'emploi des femmes. Une question de politiques*, rapport d'une mission sur l'emploi des femmes réalisée à la demande du ministère des Droits des femmes entre mars et octobre 2013.
Nabli B., Naves M.-C., Karakachian A. (2015), *Reconnaître, valoriser, encourager l'engagement des jeunes*, Paris, France Stratégie.
Salas D. (1998), « La délinquance des mineurs », *Problèmes politiques et sociaux*, n° 812, Paris, La Documentation française.
Samet C. (2001), *Violence et délinquance des jeunes*, Paris, La Documentation française.

TABLE DES MATIÈRES

Composition et mise en pages
Nord Compo à Villeneuve-d'Ascq

Imprimé en France
par la Nouvelle Imprimerie Laballery
rue Louis Blériot 58500 Clamecy
août 2021 - N° 108323

La Nouvelle Imprimerie Laballery est titulaire de la marque Imprim'Vert®